EinFach Deutsch

Theodor Fontane
Effi Briest
... verstehen

Erarbeitet von
Norbert Berger

Herausgegeben von
Johannes Diekhans
Michael Völkl

Bildnachweis

akg-images GmbH, Berlin: 61; bpk–Bildagentur, Berlin: 67; Cinetext Bild & Textarchiv GmbH, Wetzlar: 31 (Constantin Film); ddp images GmbH, Hamburg: 55 (defd), 101; Fotofinder GmbH, Berlin: 136 (© The Art Archive/Wallraf-Richartz Museum Cologne/Gianni Dagli Orti); Kassing, Reinhild, Kassel: 16; Neue Bühne Senftenberg, Senftenberg: 19 (Szenenfoto aus „Effi Briest" an der NEUEN BÜHNE Senftenberg (2006)Schauspielerin: Juschka Spitzer Fotograf: Steffen Rasche); Picture-Alliance GmbH, Frankfurt/M.: 35 (Everett Collection); Stiftung Stadtmuseum Berlin, Berlin: 60 (Reproduktion: Stiftung Stadtmuseum Berlin); ullstein bild, Berlin: 53, 65 (Bellmann).

Sollte trotz aller Bemühungen um korrekte Urheberangaben ein Irrtum unterlaufen sein, bitten wir darum, sich mit dem Verlag in Verbindung zu setzen, damit wir eventuell notwendige Korrekturen vornehmen können.

westermann GRUPPE

© 2010 Bildungshaus Schulbuchverlage
Westermann Schroedel Diesterweg Schöningh Winklers GmbH
Braunschweig, Paderborn

www.schoeningh-schulbuch.de
Schöningh Verlag, Jühenplatz 1–3, 33098 Paderborn

Das Werk und seine Teile sind urheberrechtlich geschützt.
Jede Nutzung in anderen als den gesetzlich zugelassenen Fällen bedarf der vorherigen schriftlichen Einwilligung des Verlages.
Hinweis zu § 52a UrhG: Weder das Werk noch seine Teile dürfen ohne eine solche Einwilligung gescannt und in ein Netzwerk gestellt werden.
Dies gilt auch für Intranets von Schulen und sonstigen Bildungseinrichtungen.
Für Verweise (Links) auf Internet-Adressen gilt folgender Haftungshinweis:
Trotz sorgfältiger inhaltlicher Kontrolle wird die Haftung für die Inhalte der externen Seiten ausgeschlossen. Für den Inhalt dieser externen Seiten sind ausschließlich deren Betreiber verantwortlich. Sollten Sie daher auf kostenpflichtige, illegale oder anstößige Inhalte treffen, so bedauern wir dies ausdrücklich und bitten Sie, uns umgehend per E-Mail davon in Kenntnis zu setzen, damit beim Nachdruck der Verweis gelöscht wird.

Druck A[3] / Jahr 2018
Alle Drucke der Serie A sind im Unterricht parallel verwendbar.

Umschlaggestaltung: Nora Krull, Bielefeld
Umschlagbild: August Macke, „Dame in grüner Jacke" (1913); © The Art Archive/Wallraf-Richartz Museum Cologne/Gianni Dagli Orti
Druck und Bindung: westermann druck GmbH, Braunschweig

ISBN 978-3-14-**022512**-0

Inhaltsverzeichnis

An die Leserin und den Leser 5

Der Inhalt im Überblick 7

Die Personenkonstellation 9

Inhalt, Aufbau und erste Deutungsansätze 10
Aufbau und Zeitstruktur des Romans 10
Inhalt und Deutungsansätze 15

Hintergründe 60
Fontanes Lebensstationen 60
Entstehungsgeschichte 63
Stoffliche Grundlage 64
Duellpraxis im 19. Jahrhundert 66
Leitmotivik 68
Erzählhaltung 74
Roman des poetischen Realismus 77
Handlungsorte 79
Ein Gesellschaftsroman 81
Ein Eheroman 85
Die Schuldfrage 88

Der Roman „Effi Briest" in der Schule 91
Der Blick auf die Figuren:
Die Personencharakterisierung 91
Eine literarische Figur charakterisieren –
Tipps und Techniken 91
Effi 93
Herr von Briest 99
Frau von Briest 102
Innstetten 104
Crampas 108

Gieshübler 111
Wüllersdorf 112
Johanna 114
Roswitha 115

Der Blick auf den Text:
Die Textanalyse 117
Einen Textauszug analysieren –
Tipps und Techniken 117
Beispielanalyse 1 (linear) 119
Beispielanalyse 2 (aspektgeleitet) 124

Der Blick auf die Prüfung:
Themenfelder 129
Übersicht I: Gründe für das Scheitern der Ehe Effis . . 130
Übersicht II: Roman des poetischen Realismus 131
Übersicht III: Vergleichsmöglichkeiten mit anderen
                    literarischen Werken 132

Internetadressen 133

Literatur 134

An die Leserin und den Leser

Liebe Leserin, lieber Leser,

„Eine Romanbibliothek der rigorosesten Auswahl, und beschränkte man sich auf ein Dutzend Bände, auf zehn, auf sechs, – sie dürfte *Effi Briest* nicht vermissen lassen."[1] Dies schrieb Thomas Mann über Fontanes Roman.

Obwohl der Roman die Lebens- und Denkweise von Adeligen, die vor mehr als 100 Jahren gelebt haben, zum Inhalt hat und deren Erlebnisse in relativer epischer Breite schildert, gilt er auch heute noch als der bekannteste Roman Theodor Fontanes. Er zählt ferner nach wie vor zu den am häufigsten gelesenen und in der Schule behandelten Romanen der deutschen Literatur. Dies liegt auch darin begründet, dass er mit Recht als Musterbeispiel für das realistische Erzählen und für die gesamte Epoche des poetischen Realismus angesehen werden kann. „Wer wissen will, was der sogenannte Realismus sein kann (und sollte), muss das gelesen haben."[2]

Auch wenn aus dem damaligen Zeitroman, der einen bekannten Gesellschaftsskandal der Bismarck-Zeit aufgreift, mittlerweile ein historischer Roman geworden ist, mangelt es der erzählten Geschichte und den darin handelnden Figuren nicht an Aktualität. Der zeitbedingte Konflikt wird von Fontane ins Allgemein-Menschliche erhöht, sodass das Spannungsverhältnis von Gesellschaft und einzelnem Menschen zum tragenden Element dieses Werks wird: „Die öffentlichen Regeln gering schätzen, die Konventionen innerlich tief verachten und doch selbst keine Ahnung davon haben, wie es anders zugehen könnte – das ist das zeitge-

---

[1] Mann, Thomas: Das essayistische Werk. Band 1. Frankfurt/M. (Fischer) 1968, S. 106

[2] Spinnen, Burkhard: Lauter Innstettens, überall. In: DIE ZEIT Nr. 7/2003

nössische Bewusstsein. Nichts wirklich gut finden und genau deswegen das letztlich Angesagte irgendwie mitmachen. Unglücklich sein und nichts dagegen tun. Lauter Innstettens überall. Lauter Effis zumal."[1]

Der vorliegende Band aus der Reihe „EinFach Deutsch – … verstehen" will die Erschließung der Personenkonstellation erleichtern und Zugänge zur Interpretation des Romans aufzeigen. Darüber hinaus vermittelt er auf anschauliche Weise die biografischen, entstehungs- und stoffgeschichtlichen Hintergründe des Werks. Zum Zweck der erfolgreichen Prüfungsvorbereitung können außerdem die Aufgabenform „Personencharakterisierung" sowie textanalytische Verfahren erarbeitet und wesentliche inhaltliche und erzähltechnische Aspekte des Romans wiederholt werden.

Viel Freude beim Lesen, Nachdenken und Verstehen wünscht

Norbert Berger

---

[1] Spinnen, Burkhard: Lauter Innstettens, überall. In: DIE ZEIT Nr. 7/2003

Der Inhalt im Überblick

Die Romanhandlung beginnt Ende der 70er-Jahre des
19. Jahrhunderts und dauert etwa 13 Jahre, spielt also am
Ende der Regierungszeit von Bismarck[1].

Der Roman erzählt die Geschichte der zunächst 17-jäh-
rigen Effi Briest, die wohlbehütet auf dem elterlichen Anwesen in Hohen-Cremmen aufgewachsen ist und auf Be-
treiben ihrer Mutter mit deren ehemaligem Verehrer, dem
mehr als 20 Jahre älteren Baron Geert von Innstetten, verheiratet wird. Effi langweilt sich als Gattin des Landrats in
der kleinen hinterpommerschen Küstenstadt Kessin mit der
rückständigen Gesellschaft der dortigen Landadeligen. Sie
vermisst die liebevolle Zuwendung ihres prinzipientreuen
und korrekten Mannes, der in erster Linie seine berufliche
Pflicht im Sinne hat. Deshalb gelingt es dem verheirateten
44-jährigen Major von Crampas, die Ehefrau Innstettens,
die inzwischen Mutter einer kleinen Tochter geworden ist,
zu verführen. Nach einer kurzen Affäre ohne große Leidenschaft ist Effi erleichtert, als ihr Mann zum Ministerialrat
befördert und nach Berlin versetzt wird, wo sie sechs Jahre
lang ein zufriedeneres, gesellschaftlich abwechslungs-
reicheres Leben führt.
Während ihres Aufenthalts bei einer Kur entdeckt Innstetten zufällig alte Briefe von Crampas, die die Affäre zwischen Effi und dem Major enthüllen, und beschließt nach
einer Unterredung mit seinem Freund Wüllersdorf, den
früheren Nebenbuhler Crampas trotz der inzwischen ver-
strichenen Zeitspanne zum Duell zu fordern. Crampas wird
dabei getötet, Effi wird von ihrem Mann geschieden und

---

[1] Otto von Bismarck (1815–1898): Er wurde vom preußischen König
und späteren deutschen Kaiser Wilhelm I. 1862 zum Kanzler und nach
der Gründung des ersten Deutschen Reiches 1871 zum ersten Reichskanzler ernannt. 1890 wurde er von Wilhelm I. abgesetzt.

muss ohne ihre Tochter isoliert in einer kleinen Wohnung in Berlin leben. Erst als sie nach drei Jahren kränkelt, erlauben ihr die Eltern die Rückkehr nach Hohen-Cremmen, wo sie sich innerlich mit Innstetten versöhnt und schließlich stirbt.

Die Personenkonstellation

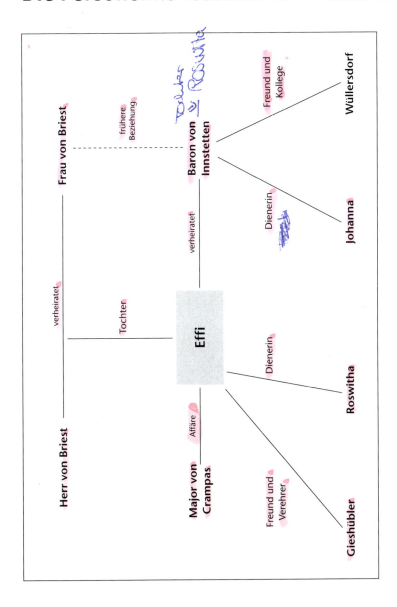

Inhalt, Aufbau und erste Deutungsansätze

Aufbau und Zeitstruktur des Romans

Fünf Erzählblöcke

Das Geschehen des Romans, welches von Fontane in 36 Kapitel gegliedert wird, lässt sich – wie später dargelegt (vgl. S. 15–59) – in fünf große Blöcke von fünf, neun, acht, neun und fünf Kapiteln unterteilen, von denen zwei nochmals aus je zwei Unterabschnitten bestehen. Diese Einteilung folgt im Wesentlichen den wechselnden Handlungsorten (Teil I spielt vorwiegend in Hohen-Cremmen, Teil II und Teil III in Kessin, Teil IV in Berlin, Teil V in Berlin und Hohen-Cremmen) und geht mit den sich ändernden Stimmungen bzw. Lebensphasen der Titelfigur einher: Auf ihre unbeschwerte, aber durch die Verheiratung abrupt beendete Kindheit und Jugend (Teil I) folgt das langweilige Eheleben in Kessin (Teil II), in welches die Affäre mit Crampas etwas Aufregung bringt (Teil III). In den entspannten Neubeginn der Ehe in Berlin (Teil IV, Abschnitt 1) platzt die verspätete Aufdeckung des Ehebruchs, die Folgen für Effi, Innstetten und Crampas hat (Teil IV, Abschnitt 2). Der letzte Teil erzählt von Effis einsamem und traurigem Leben in Berlin (Teil V, Abschnitt 1) und ihrer Rückkehr ins Elternhaus, wo sie stirbt (Teil V, Abschnitt 2).

Auffallend ist die Symmetrie in der Anzahl der Kapitel der fünf Erzählblöcke: 5–9–8–9–5. Dadurch ergibt sich eine gewisse Parallele zum pyramidenförmigen Aufbauschema eines klassischen Dramas, wie es von Gustav Freytag[1] entwickelt wurde: Exposition – Steigerung – Perepetie – Retardation – Katastrophe.

---

[1] Gustav Freytag (1816–1895): Journalist und Dramatiker des späten Klassizismus

Inhalt, Aufbau und erste Deutungsansätze

Der Aufbau

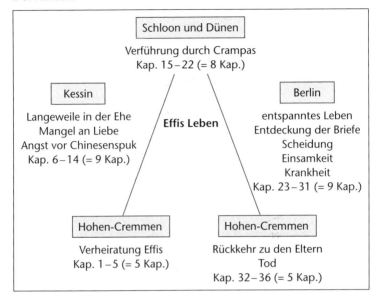

Auffallend ist, dass die Kapiteleinschnitte nicht nur dort zu finden sind, wo eine neue Person hinzutritt, ein neuer Handlungsabschnitt beginnt, ein größerer Zeitsprung erfolgt oder ein neuer Handlungsraum betreten wird. Sie erfolgen teilweise auch mitten in einem zeitlichen Kontinuum und können mitunter sogar einen Dialog (zwischen Kapitel 1 und 2) unterbrechen, um bestimmte bedeutungsvolle und ans Kapitelende gesetzte Sätze besonders stark hervorzuheben. Dagegen finden sich innerhalb von fast jedem Kapitel kleinere oder größere chronologische Sprünge. Häufig gehen solchen Einschnitten bedeutungsvolle Dialoge, Situationsschilderungen oder die Wiedergabe von Gedanken der Personen voraus.

Kapiteleinschnitte

Mit konkreten Zeitangaben gelingt es Fontane dann, in eine neue Situation überzuleiten. In diesem Zusammenhang fällt auf, dass der chronologische Ablauf vom Erzähler so

Konkrete Zeitangabe

pedantisch registriert wird, dass der Leser die Monate und Wochen, fast sogar Tage und Stunden zählen kann. Immer wieder werden, meist recht beiläufig, die genauen Daten, mitunter sogar die jeweiligen Uhrzeiten genannt, zu denen die Handlung erfolgt. Hierzu zählen auch Andeutungen und Anspielungen auf private Jahrestage (z. B. Hochzeits-tag der Innstettens) und Jubiläen (z. B. Annies Geburtstag) sowie historische Ereignisse und offizielle Gedenktage der preußischen Geschichte.

Zeitstruktur Die erzählte Zeit beträgt etwas mehr als zwölf Jahre, wobei die beiden ersten Jahre, die Effis Leben in Hohen-Cremmen und Kessin zum Inhalt haben, ausführlicher und lückenlo-ser erzählt werden als ihr späteres, immerhin zehn Jahre dauerndes und zunächst glücklicheres, dann unglücklich verlaufenes Leben in Berlin. Bestimmte Ereignisse werden sehr ausführlich berücksichtigt (die ersten zweieinhalb Ka-pitel, die Effis Verlobung beinhalten, spielen an einem Tag, ihr Ankunftstag in Kessin wird in drei Kapiteln erzählt, zur Vorbereitung und Entfaltung der Katastrophe werden sechs Kapitel benötigt). Andere Ereignisse werden dagegen stark gerafft erzählt (insbesondere die Antrittsbesuche Innstet-tens und Effis in Kessin, ihr langweiliges Eheleben und die sechs Ehejahre in Berlin werden auf wenigen Seiten zusam-mengefasst) oder ganz übersprungen (insbesondere die drei Jahre nach dem Duell). Die Raffungen und Zeitsprün-ge fallen aber fast nie mit dem Ende oder Anfang eines Kapitels zusammen, wodurch es Fontane gelingt, den kon-tinuierlichen Zeitfluss zu erhalten.

Inhalt, Aufbau und erste Deutungsansätze 13

Übersicht über die Zeitstruktur

Effis Alter	Datum	Ereignisse	erzählte Zeit (ca.)	Zahl der Kapitel	Kapitel
17	Sommer	Verlobung	1 Tag	2	1–2
		Einkaufstour	1 Woche	1	3
	3.10.	Gespräch mit Mutter nach der Hochzeit	1 Tag	1	4
	Oktober	Hochzeitsreise	1 Monat	1	5
17–19	November – August des 2. Jahres	langweilige Ehe in Kessin	2 Jahre	9	6–14
20	September – April des 3. Jahres	Verführung und Ehebruch	6 Monate	8	15–22
	April – Mai	Wohnungssuche	3 Wochen	1	23
		Urlaub (u. a. Rügen)	3 Wochen	1	24
		Besuch der Eltern	2 Wochen		
20–26	Mai – Juli des 8. Jahres	entspanntes Eheleben in Berlin (Keithstraße)	6 Jahre	1	25
26	Juli	Entdeckung der Briefe Entscheidung zum Duell	1 Tag	2	26–27
	August	Duell	1 Tag	1	28
		Gedanken Innstettens Information und Reaktion Effis	1 Tag 1 Tag	3	29–31

Effis Alter	Datum	Ereignisse	erzählte Zeit (ca.)	Zahl der Kapitel	Kapitel
29	Oktober–Juli des 11. Jahres	Isolation in Berlin (Königgrätzer Straße)	3 Jahre	1	32
	Sommer	Wiedersehen mit Annie	1 Tag	1	33
ca. 30	Sommer–September des 12. Jahres	Rückkehr zu den Eltern Tod	1 Jahr	3	34–36

Vorrang der Dialoge

Typisch für Fontanes Erzählkunst und den Aufbau seines Romans ist ferner, dass gerade die entscheidenden Ereignisse in Effis Leben (zum Beispiel Hochzeit, eigentlicher Ehebruch, Duell) nur kurz angedeutet werden, während detailliert wiedergegebene Überlegungen der Personen und ausführliche, reflektierende Gespräche vor oder nach diesen Ereignissen einen breiten Raum einnehmen und fast zeitdeckend erzählt werden, so etwa das Gespräch der Eltern nach der Hochzeit, Effis Unterhaltungen mit Crampas oder Innstettens Zweifel und Diskussionen mit seinem Freund Wüllersdorf. Es geht Fontane nicht um die effektvolle Darstellung von Spannungshöhepunkten und handlungsreichen Ereignissen, sondern vielmehr um die psychischen Beweggründe der Personen, somit um ihre Handlungsmotive und um die sich daraus ergebenden Konsequenzen, also das Leiden der Personen und die gesellschaftlichen und moralischen Normen, die den Personen im Weg stehen. Vor- und Nachbesprechungen und die Reaktionen der Personen auf bestimmte Ereignisse sind Fontane wichtiger als die Ereignisse selbst.

Inhalt und Deutungsansätze

Teil I: 1.–5. Kapitel

Effis unbeschwertes Leben im Elternhaus in Hohen-Cremmen, ihre überraschende Verlobung, ihre Hochzeit und
Hochzeitsreise

1. Kapitel

Der Roman beginnt mit einer ausführlichen Beschreibung
des idyllischen, hufeisenförmig angelegten Herrensitzes im
brandenburgischen Hohen-Cremmen, der seit über 200
Jahren von der landadeligen, traditionsreichen Familie von
Briest bewohnt wird (vgl. S. 7, Z. 2–26)[1].

Symbolträchtige Beschreibung des Herrenhauses in Hohen-Cremmen

Es geht dem Erzähler aber nicht um ein bloßes naturalisti-
sches Abbilden des Sichtbaren. Die schon hier anklin-
genden vorausdeutenden Leitmotive des Romans machen
deutlich, dass hinter der detailgetreuen Beschreibung mehr
steckt, als man auf den ersten Blick sieht. Die im ersten Satz
erwähnte Sonnenuhr auf dem Rondell vor dem Haus verweist auf die glückliche und unbeschwerte Kindheit Effis
auf Hohen-Cremmen, aber auch auf die Vergänglichkeit
des menschlichen Lebens. Auch der ebenfalls im ersten
Satz erwähnte, auf den Fliesengang geworfene „breit[e]
Schatten" (S. 7, Z. 6f.) kündigt an, dass Effis weiteres Leben nicht so glücklich verlaufen wird, wie es im Elternhaus
begonnen hat. Bezeichnenderweise wird dieser Schatten
vom rechtwinklig angebauten Seitenflügel des Hauptge-
bäudes geworfen. Dass dieser Teil des Anwesens (vermut-
lich nachträglich) angebaut ist, verweist symbolisch voraus
auf die sich anbahnende und recht künstlich durch das Bestreben der Mutter herbeigeführte Verheiratung Effis. Weitere, im Roman immer wieder auftauchende Leitmotive

*Erste voraus-
deutende
Leitmotive*

---

[1] Sämtliche Seitenangaben beziehen sich auf die im Literaturverzeich-
nis aufgeführte Textausgabe des Schöningh Verlags.

16 Inhalt, Aufbau und erste Deutungsansätze

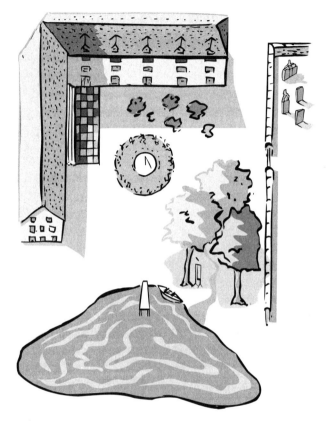

Hohen-Cremmen

sind die von kleinblättrigem Efeu bewachsene Kirchhofsmauer, der Teich an der offenen Seite des Anwesens, die Schaukel mit den schief stehenden Pfosten und die alten Platanen.

Einführende Charakterisierung Effis

Die 17-jährige Effi und ihre Mutter sitzen an einem heißen Sommertag, an einer Altardecke stickend, auf dem schattigen Fliesengang vor den offenen, von wildem Wein umrankten Fenstern des Hauses. Die quirlige und lebhafte Tochter steht ab und zu auf, um Gymnastikübungen zu machen, und beschwert sich, dass die Mutter sie immer in „Jungenskittel"[1] stecke. Hierin deutet sich an, dass Effi den Übergang vom turbulenten Mädchen, symbolisiert im wilden Wein, zur jungen Frau vollzieht. Und in der scherzhaften Charakterisierung Effis durch ihre Mutter, die ihre Tochter mit einer „Kunstreiterin" (S. 9, Z. 10) und einer „Tochter der Luft" (S. 9, Z. 9) vergleicht, und der Ermahnung („Nicht so wild, Effi, nicht so leidenschaftlich.", S. 9, Z. 27) deuten sich sowohl das kindliche Gemüt, ihre Lebensfreude und Ungebundenheit als auch ihr Hang zu leichtsinnigen Abenteuern an.

Effi erzählt drei Freundinnen, die hinzukommen, die Geschichte des 38-jährigen Barons Geert von Innstetten, der vor vielen Jahren ihre Mutter heiraten wollte. Trotz der Liebe, die beide füreinander empfanden, wurde er aber abgewiesen, weil die Mutter lieber den finanziell abgesicherten von Briest ehelichte. Dieser ist nach seinem Jurastudium und der Beteiligung am deutsch-französischen Krieg (1870/71) inzwischen zum Landrat in Kessin (Hinterpommern) aufgestiegen. Eine solche indirekte Charakterisierung einer Figur durch die Erzählung einer anderen ist typisch für Fontanes Romanstil.

Einführung Innstettens durch Effis Erzählung

Als eine Freundin prahlt, sie werde noch vor Effi heiraten, erwidert Letztere: „Übrigens, ich kriege schon einen, und vielleicht bald." (S. 12, Z. 11 f.) Sie deutet damit unbewusst die noch am gleichen Tag sich ankündigende Veränderung in ihrem Leben an. Effis unbekümmerter Hinweis auf ihre mehrfachen täglichen Stürze, die darauf folgende Mahnung der Freundin, man solle sein Schicksal nicht versuchen, denn Hochmut komme vor dem Fall (vgl. S. 12, Z. 4 f.), sowie deren Hinweis auf Verstöße gegen das vierte Gebot (vgl. S. 13, Z. 15) verweisen sogar auf Ereignisse, die erst viele Jahre später Effis Leben verändern sollen. Obwohl

Vorausdeutung auf wichtige Veränderungen

---

[1] „Jungenskittel": Matrosenkleidung

sich Effi für den Besuch umziehen soll, versenkt sie lieber mit ihren Freundinnen eine Tüte mit Stachelbeerschalen im Teich des Herrensitzes. Dieser bildet den Abschluss der (offenen) vierten Seite des Anwesens. In ihm wurden – wie Effi zu berichten weiß – früher arme, unglückliche Frauen wegen Untreue versenkt, – eine sehr offensichtliche Vorausdeutung auf Effis Ehebruch, der durch ihre Einschränkung „hier kommt so was nicht vor" (S. 16, Z. 13f.) eher noch hervorgehoben als abgeschwächt wird.

Vorwegnahme des „Keims" der Romanhandlung

Im ersten Kapitel findet man in komprimierter Form bereits die wichtigsten Elemente der Romanhandlung: Effis unbeschwertes Wesen, das Motiv des Fallens, das sich auf gesellschaftlicher Ebene wiederholen wird, ihre Bestrafung für den Ehebruch; sogar das Todesmotiv klingt durch die Erwähnung der Kirchhofmauer an.

2. Kapitel

Effis kindliches Spiel als Vorausdeutung

Effi, die lieber draußen mit den Freundinnen schaukeln würde, verspürt keine Lust, den „ältlichen" Baron Innstetten zu sehen. Das Leitmotiv des Schaukelns macht deutlich, dass die Titelfigur des Romans noch unreif für die Ehe ist. Im Spiel mit den anderen Mädchen „fliegt" sie aus, läuft hinter das Rondell zu den Platanen und hinter die Rhabarberstauden, deren Blätter für sie größer als Feigenblätter sind, fliegt „von neuem über das Rondell hin, auf den Teich zu", macht einen „weiten Umweg um [den] Kirchhof" und kehrt schließlich zum Freiplatz des Seitenflügels zurück (S. 18, Z. 22–28). In dieser kurzen Passage wird der gesamte Inhalt des Romans symbolisch angedeutet: Effi wird das Elternhaus verlassen („Ausfliegen") und heiraten, eine Affäre mit einem anderen Mann haben (Feigenblatt, Teich), zu ihren Eltern zurückkehren und sterben (Kirchhof).

Inhalt, Aufbau und erste Deutungsansätze 19

Effi auf der Schaukel (Theater Senftenberg 2006)

Während des Spiels wird sie von ihrer Mutter ins Haus zurückgerufen. Dort kündigt ihr Frau von Briest eine wichtige Mitteilung an und eröffnet ihr schließlich stolz, dass Innstetten um ihre Hand angehalten habe und ihr durch die Heirat, die sie wohl kaum ablehnen könne, eine große Zukunft bevorstehe. Spiel und Ernst des Lebens stehen in dieser Passage in deutlichem Kontrast zueinander.

Der von Effis Mutter geschickt vorgetragene Antrag zeigt Fontanes psychologisches Einfühlungsvermögen und seine

Ankündigung des Heiratsantrages

Sprachliche Raffinessen Frau von Briests

hervorragende Menschenkenntnis. Mit dem dreimal wiederholten Gesprächseinstieg „Ich muss dir nämlich sagen" (S. 19, Z. 25, Z. 27 und Z. 30) weckt Frau von Briest die Neugier ihrer Tochter. Durch das Possessivpronomen „mein" und Komplimente („meine süße Effi", S. 19, Z. 26; „meiner klugen Effi", S. 19, Z. 38) gelingt es ihr, die Tochter an sich zu binden. Die ausdrückliche Nennung des Titels von Innstetten („Baron", S. 19, Z. 30) und die positiven Attribute, die sie ihm zuspricht („ein Mann von Charakter, von Stellung und guten Sitten", S. 19, Z. 36 f.) setzen den Brautwerber von vornherein in ein gutes Licht. Effis Urteil über Innstetten wird von ihrer Mutter positiv vorweggenommen („ich glaube, er hat dir auch gefallen", S. 19, Z. 34 f.). Ein möglicher Einwand Effis wird zwar erwähnt („Er ist freilich älter als du", S. 19, Z. 35), aber sogleich entkräftet („was alles in allem ein Glück ist", S. 19, Z. 35 f.). Zugleich wird Effi suggeriert, sie habe die Möglichkeit, den Antrag abzulehnen („und wenn du nicht nein sagst", S. 19, Z. 37 f.). Dieser Konditionalsatz wird aber ergänzt mit einem Relativsatz, der Effi unter großen Erwartungsdruck setzt („was ich mir von meiner klugen Effi kaum denken kann", S. 19, Z. 38 f.), und einem Hauptsatz („so stehst du mit zwanzig Jahren da, wo andere mit vierzig stehen", S. 19, Z. 39 f.), der einen schnellen gesellschaftlichen Aufstieg in Aussicht stellt. Eine weitere Verheißung der glücklichen Zukunft („Du wirst deine Mama weit überholen.", S. 19, Z. 40) schließt Frau von Briests Ankündigung ab.

Der Ruf der Freundinnen als Einschnitt in Effis Leben

Die verblüffte und widerstandslos bleibende Effi ist sprachlos, zittert nervös, als ihr Vater mit Innstetten ins Zimmer tritt. Der sie in die Welt der Kindheit zurückholende Ruf der Freundinnen „Effi, komm." (S. 20, Z. 16) markiert als letzter Rückruf in die Kindheit einen Wendepunkt im Leben der Titelfigur. Er wird in Kapitel 34, als ihr Vater ihr per Telegramm die Rückkehr ins Elternhaus ermöglicht, wiederholt werden (vgl. S. 316, Z. 21 f.).

Inhalt, Aufbau und erste Deutungsansätze 21

Fontane hat bewusst die unbeschwerte Kindheit seiner Titelheldin (von wenigen Andeutungen abgesehen) ausgeklammert und stattdessen den gravierendsten Einschnitt in ihrem Leben ganz an den Anfang des Romans gestellt, um damit gleich zu Beginn für die Leser erkennbar die Weichen für die weitere Handlung zu stellen.

3. Kapitel

Noch am selben Tag werden Innstetten und Effi beim Mittagessen verlobt. Dies wird rückblickend, knapp und im Plusquamperfekt gleich im ersten Satz des Kapitels mitgeteilt. Dadurch wird der Übergang vom spielenden Mädchen, mit dem das vorangegangene Kapitel endete, zur künftigen Gattin eines Landrates besonders schroff dargestellt. Frau von Briest erinnert sich, dass der Verlobte ihrer Tochter ihre eigene Jugendliebe war: „[…] sie hatte es nicht sein können, nun war es statt ihrer die Tochter – alles in allem ebenso gut oder vielleicht noch besser." (S. 20, Z. 29–31) Die Tischrede von Herrn von Briest, in welcher er seine Tochter anspielungsreich mit einem Efeu vergleicht, die sich um ihren Mann ranken muss, gefällt seiner Frau wenig. Während Effis Mutter in der Ehe ihrer Tochter mit Innstetten einen gesellschaftlichen Aufstieg sieht, der ihr damals noch nicht möglich war, erkennt ihr Vater die Bedeutung der Liebe für die beiden Verheirateten.

Schroffer Übergang vom Kind zur Ehefrau

Auf die sorgenvolle Frage der Freundinnen, ob Innstetten denn der Richtige sei, meint Effi, dass jeder, der von Adel sei, eine Stellung habe und gut aussehe, als Ehepartner für sie geeignet sei. (vgl. S. 22, Z. 22 f.) Diese Aussage zeigt, dass Effi die gesellschaftlichen Erwartungen der Mutter kritiklos übernimmt, dass Innstetten als ihr Ehepartner im Grunde genommen austauschbar ist und dass sie sich der Tragweite ihrer Eheschließung für ihr persönliches Glück in keiner Weise bewusst ist.

Übernahme gesellschaftlicher Erwartungen

Effis Gleichgültigkeit gegenüber Innstetten

Innstetten, der am folgenden Tag abreisen muss, schreibt Effi jeden Tag einen Brief, den das Mädchen aber stets nur ungern und nichtssagend beantwortet. Die wichtigen Fragen der Hochzeitsvorbereitungen werden brieflich zwischen Frau von Briest und Innstetten besprochen. Effi reist mit ihrer Mutter eine Woche nach Berlin, um die Aussteuer für die Hochzeit zu besorgen. Dabei werden sie vom Vetter Dagobert geführt, an den Effi immer wieder denkt und mit dem sie gerne tanzen würde. Auch dies kann als verdeckte Andeutung auf Effis späterem Ehebruch gelesen werden.

Sehr früh wird im Roman deutlich, dass die geplante Heirat nicht aus einer tiefen Zuneigung der beiden Partner erwächst, sondern von den Eltern der Braut nahezu ohne deren Befragung arrangiert wird, um der Tochter eine angemessene gesellschaftliche Stellung zu vermitteln.

Dreiecksbeziehungen

Außerdem erfährt der Leser in den drei ersten Kapiteln, dass Frau von Briest, ihre Tochter und ihre ehemalige Jugendliebe Innstetten in einer Art „Dreiecksbeziehung" zueinander stehen, welche teilweise aus einer weiteren, aber viele Jahre zurückliegenden „Dreiecksbeziehung" resultiert, nämlich der zwischen Frau von Briest, Innstetten und dem Ritterschaftsrat von Briest. Damit wird bereits auf die im Mittelpunkt der weiteren Romanhandlung stehende Dreiecksbeziehung zwischen Effi, Innstetten und Crampas verwiesen.

Dreiecksbeziehungen

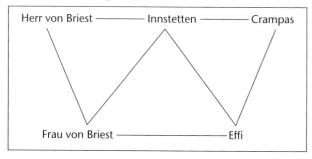

Inhalt, Aufbau und erste Deutungsansätze **23**

4. Kapitel

Mutter und Tochter laden den Vetter Dagobert zur Hochzeit ein und reisen aus Berlin ab. Herr von Briest empfängt sie auf Hohen-Cremmen mit der Nachricht, er habe seinen Gutsinspektor Pink wegen Ehebruchs mit der Gärtnersfrau entlassen. Dies kann wieder als versteckte Vorausdeutung auf Effis Schicksal gelesen werden.

Entlassung des Gutsinspektors als Vorausdeutung auf Effis Schicksal

In zwei Gesprächen mit der Mutter zeigt sich Effis naive Auffassung vom Wesen der Ehe. Sie freut sich auf ihr Leben in dem nördlicher gelegenen Kessin, äußert den Wunsch nach einem japanischen Bettschirm mit goldenen Vögeln darauf und gibt zu erkennen, dass sie sich von der Ehe in erster Linie Liebe und Zärtlichkeit, dann sogleich Reichtum, Glanz und Ehre sowie Zerstreuung erwarte. Hier wird auf das Bild des im goldenen Käfig lebenden Vogels angespielt. Außerdem steht Japan für die zeremonielle Ehe.

Effis naive Vorstellungen von der Ehe

Wieder finden sich Leitmotive des Romans. Erstmals wird der Heliotrop (eine Pflanze, die ihre Blätter stets nach der Sonne dreht) erwähnt, der um die Sonnenuhr herumsteht und Effis sonniges Gemüt sowie ihr Bedürfnis nach Wärme und Licht symbolisiert. Nach dem ersten Gespräch springt Effi ferner am Rondell und Teich vorüber auf einen an die Kirchhofsmauer angebauten Balkon. Dieser Lauf symbolisiert Effis späteres Leben, das durch Ehebruch (Teich!), Verbannung und Tod gekennzeichnet sein wird. Das zweite Gespräch, in dem als Leitmotive die Sonnenuhr und der herumstehende Heliotrop erwähnt werden, enthält den ernüchternden, vorausdeutenden und mit dem Leitmotiv des Schattens korrespondierenden Hinweis der Mutter, „dass es statt Licht und Schimmer ein Dunkel gibt" (S. 34, Z. 35).

Leitmotive

Effi schätzt Innstettens trockene Briefe wenig, von denen einer während des zweiten Gesprächs gebracht und von Effi achtlos beiseitegesteckt wird. Sie beantwortet die Briefe immer seltener. Diese Reaktion ist ein deutlicher Hinweis

Motiv des Ehebruchs

darauf, dass Effis Ehe nicht auf Liebe gegründet und ihr Gelingen somit in Gefahr ist.

Das Thema des Ehebruchs taucht auch an dieser Stelle wieder andeutungsweise auf. Effi äußert gegenüber ihrer Mutter den Wunsch, mit ihrem Vetter Dagobert zu tanzen, obwohl sie gerade Innstettens Brief in den Händen hält. Auf die Frage der Mutter, ob sie ihren Mann denn nicht liebe, erwidert sie, dass sie alle liebe, die es gut mit ihr meinen würden, Freundinnen, Eltern und Innstetten (vgl. S. 38, Z. 19–25). Und im gleichen Atemzug erwähnt sie, dass sie lieber klettere und schaukle, „und am liebsten immer in der Furcht, dass es irgendwo reißen oder brechen und ich niederstürzen könnte. Den Kopf wird es ja nicht gleich kosten" (S. 38, Z. 30–32). Dies stellt ebenso eine Vorausdeutung auf Kommendes dar wie ihre Einschätzung Innstettens als Mann von Charakter und Prinzipien und ihr Geständnis, dass er etwas habe, wovor sie sich fürchte. All die Andeutungen dieses Kapitels lenken die Erwartungen der Leser und verweisen auf eine problematisch verlaufende Ehe Effis.

5. Kapitel

Zweifel der Eltern an Effis Liebe zu Innstetten

Am Tag nach der Hochzeit zwischen Effi und Innstetten, die am 3. Oktober stattfindet und im Roman selbst mit einem Zeitsprung übergangen wird, führen Effis Eltern ein Gespräch über die Gegensätze zwischen den Verheirateten. Effi – so ihr Vater – sei ein „Naturkind", ihr Mann dagegen ein „Kunstfex", zu dem seine Frau besser gepasst hätte. Er zweifelt an Effis Liebe zu dem spröden Innstetten. Frau von Briest stimmt dem zu. Der Baron werde durch die ihm bevorstehende Karriere zwar Effis Ehrgeiz befriedigen, aber nichts gegen die Langeweile, vor der sich die abenteuerlustige Effi fürchte, tun können. Briests häufig auftauchende Floskel „Ein weites Feld", mit dem er einer weiteren Diskussion ausweicht, schließt auch dieses Gespräch ab.

Die in dem Dialog geäußerten Überlegungen und Sorgen werden durch die Karten und Briefe, die Effi von der Hochzeitsreise nach Italien schreibt, bestätigt. In diesen äußert sie ihre Sehnsucht nach Hohen-Cremmen und beklagt sich, dass nur Galerien und kulturelle Sehenswürdigkeiten besucht würden. Neben dem Alters- und Bildungsunterschied wird während der Hochzeitsreise auch deutlich, dass die Ehepartner unterschiedliche Interessenlagen besitzen und im Wesen sehr verschieden sind. Der natürlichen und spontanen Effi steht der eher nüchterne und auf Einhaltung von Prinzipien bedachte Innstetten gegenüber.

Bestätigung der elterlichen Bedenken

Der erste Erzählblock verstärkt somit Kapitel für Kapitel den Eindruck der Leser, dass Effis Ehe nicht harmonisch verlaufen wird.

Teil II: 6. – 14. Kapitel

Effis langweiliges und unbefriedigendes Eheleben in Kessin und die Geburt ihrer Tochter

6. Kapitel

Das jungvermählte Paar kommt Mitte November in Kessin an. Am Gasthof des Polen Golschowski gibt es einen „Scheideweg": Eine Straße führt weiter nach Kessin, die andere nach Varzin, wo sich Bismarck ein Rittergut gekauft hat. Innstetten informiert seine Frau, dass es keine Adeligen in der Stadt gebe, aber Leute aus aller Herren Länder. Sogar ein Chinese, der außerhalb des Kirchhofes begraben sei, habe dort gelebt. Damit wird erstmals ein Leitmotiv, das in verschiedenen Funktionen im Roman auftauchen wird, erwähnt. In der Kessiner Zeit steht der Chinese vornehmlich für Effis Gefühl des Fremdseins, ihre Einsamkeit und ihre Ängste.

Erstes Auftauchen des Chinesenmotivs

Effi fühlt sich in der fremdartig anmutenden Stadt und in dem dunklen, durch ausgestopfte Tiere unheimlich wirkenden landrätlichen Haus, wo das Hausmädchen Johanna, die übrige Dienerschaft und der Haushund Rollo das junge

Effis Gefühl des Fremdseins

26 Inhalt, Aufbau und erste Deutungsansätze

Paar erwarten, von Anfang an nicht wohl. Das Kapitel enthält im Ansatz bereits die wesentlichen negativen Aspekte von Effis Leben in Kessin: Innstettens auf Bismarck und seine Karriere ausgerichtetes Leben, Effis Furcht vor dem Chinesen, ihr Gefühl des Fremdseins in Kessin und die Beengtheit ihres Zuhauses.

7. Kapitel

Verstärkung von
Effis Ängsten

Der Eindruck des Gespenstischen, der sich Effi schon beim Betreten des neuen Heims aufdrängte, wird in der ersten Nacht durch Geräusche verstärkt, die aus den oberen Räumen in ihr Schlafzimmer dringen und klingen, als ob lange Schleppenkleider beim Tanz über die Diele schleiften. Die Dienerin Johanna erklärt dies durch den Hinweis auf die Gardinen, die im Saal oben durch die Zugluft hin und her schleifen.

Innstettens
Verständnis-
losigkeit und
Eifersucht

Beim Frühstück spricht Effi mit Innstetten, den sie mit einem orientalischen Fürsten vergleicht und der nach der ersten gemeinsamen Nacht früh aufgestanden ist, um zu arbeiten. Dabei fällt auch ein Satz Innstettens, welcher Effis spätere Affäre sowie die Eifersucht ihres Mannes andeutet: „wenn ich dann stürbe, nähme ich dich am liebsten mit. Ich will dich keinem andern lassen" (S. 64, Z. 24–26). Auf die Frage, ob es denn Leute von Familie in der Stadt gäbe, womit Effi ihren Stolz auf ihre eigene Familientradition ausdrückt, bekommt sie eine enttäuschende Antwort. In der Nähe gäbe es zwar ein paar Adelige, die sie noch kennenlernen werde, aber in der Stadt selbst seien nur Kaufleute. Die vom nächtlichen Spukerlebnis noch verunsicherte Effi bittet ihren Mann, die Gardinen abschneiden zu lassen, was dieser aber ausweichend als nicht dringend ablehnt, zumal die Geräusche auch von einem Holzwurm oder einem Iltis herrühren könnten. Diese Beschwichtigungen zeigen, dass Effis Angst von ihrem Mann nicht ernst genommen wird oder ihm gerade recht kommt.

8. Kapitel

Als Effi auf den angekündigten Besuch von Gieshübler war-
tet, erfolgt ein Rückblick auf die weitere Erkundung des
Hauses mit Innstetten. Die als „schief, baufällig, dunkel"
(S. 69, Z. 11) beschriebene Treppe kann als Symbol für die
Brüchigkeit der Ehe der Innstettens gedeutet werden. Ferner taucht ein im 6. Kapitel erstmals vorkommendes Leitmotiv wieder auf, denn Effi erblickt im Saal das Bild eines
Chinesen, das an der Lehne eines Binsenstuhls klebt und
ihr zu denken gibt. Als Effi den Wunsch äußert, den Saal zu
einem Gästezimmer zu machen, gibt Innstetten eine ausweichende Antwort. Offenbar hat er kein wirkliches Interesse daran, seinen Ehealltag durch häufige Einladungen zu
beleben.

Entdeckung des Chinesenbildes

Mit dem liebenswürdigen, gebildeten, aber bescheidenen
Apotheker Alonzo Gieshübler, der tags zuvor schon Blu-
men zur Begrüßung geschickt hat, macht ein Kessiner seine Aufwartung, mit dem sich Effi wegen dessen liebens-
würdiger Art auf Anhieb gut versteht. In dem Gespräch
weist Effi wieder auf die Familientradition hin: „Ich bin eine
geborene Briest und stamme von dem Briest ab, der, am
Tage vor der Fehrbelliner Schlacht, den Überfall von Rathenow ausführte [...]" (S. 73, Z. 32 – S. 74, Z. 3) Die Verab-
schiedung Gieshüblers, welcher Effi „am liebsten gleich eine Liebeserklärung gemacht" (S. 74, Z. 13 f.) hätte, ist eine
der vielen Anspielungen im Roman auf Effis Seitensprung
mit Crampas.

Gieshüblers Besuch

9. Kapitel

Innstetten nimmt in den folgenden zwei Wochen seine Frau
zu seinen Antrittsbesuchen bei den hinterwäldlerisch und
politisch rückständig wirkenden pommerschen Landadeligen
mit. Mit Ausnahme Gieshüblers wirken diese auf Effi unsym-
pathisch und „mittelmäßig" (S. 75, Z. 16). Die bigotte Sidonie von Grasenabb erklärt Effi zur Atheistin und der patrio-

Effis fehlende Sympathie für die Kessiner

tische Baron v. Güldenklee ergeht sich in antifranzösischen Reden. In der häuslichen Unterhaltung der Eheleute äußert Effi ihre Abneigung gegenüber den Leuten und ihre emotionale Unzufriedenheit. Sie möchte den Kontakt mit den Kessinern auf das Nötigste beschränken, wofür Innstetten einerseits Verständnis aufbringt, andererseits aber auch betont, dass Effis Popularität in Kessin für seine Karriere wichtig sei. Die Frage, ob sich Effi für Innstettens Karriere vereinnahmen lassen wird, wird damit zur Nagelprobe für die Ehe.

Chinesenspuk in der Nacht

Einen Monat nach ihrem Einzug in Kessin wird Innstetten zu Bismarck gerufen, der in der Gegend weilt. Dies wird mit einer der im Roman ganz seltenen Parteinahmen des Erzählers kommentiert: „Arme Effi. Wie sollte sie den Abend verbringen?" (S. 80, Z. 14) Effi, die sich ihrer Langeweile bewusst wird, liest in einem Reiseführer die Sage von der weißen Frau, was ihre Ängste noch verstärkt. Sie schreibt einen Brief an ihre Mutter und geht früh zu Bett. Ihr Schreck, als sie nachts von einem Alptraum heimgesucht wird, wird in erlebter Rede aus ihrer Sicht wiedergegeben. Sie glaubt beim Aufwachen, den Chinesen an ihrem Bett gesehen zu haben. Auch der bellende Rollo ist verstört. Effis Angst deutet auf ihre innere Verunsicherung hin. Den Rest der Nacht verbringt Johanna, der sie von dem Erlebnis berichtet hat, bei ihr.

Fehlende Erklärung des Erzählers

Es kennzeichnet Theodor Fontanes realistische Erzählweise, dass fast ausschließlich das objektiv Wahrnehmbare geschildert wird. Der Leser erfährt aus Effis Worten, was sie in der Nacht erlebt bzw. zu sehen geglaubt hat. Das Öffnen der Tür oder Rollos Verhalten, welches mit einem bloßen Traum Effis nicht begründet werden kann, werden vom Erzähler weder kommentiert noch geklärt. Letztlich bleibt es dem Leser selbst überlassen, ob er an den Spuk glaubt oder nicht.

Typisch für Fontanes Erzählstil ist, dass das langweilige und für Effi bedeutungslose Leben in der Kessiner Gesellschaft sehr stark gerafft wiedergegeben wird, während die Ängste, die ihre Psyche sehr stark belasten, in breiter epischer Schilderung dargestellt werden.

10. Kapitel

Innstetten erfährt nach seiner Rückkehr durch Johanna von dem nächtlichen Vorfall und bezeichnet ihn als „Unsinn" und albernes Zeug, von dem er nichts mehr hören wolle (vgl. S. 89, Z. 37 f.). Effis am Frühstückstisch geäußerte Bitte, das Spukhaus aufzugeben und ein neues Haus zu suchen, lehnt Innstetten mit Rücksicht auf seine Karriere – er wolle sich ja nicht lächerlich machen – ab und verharmlost den Chinesenspuk nun als einen Vorzug adeliger Häuser.

Innstettens Reaktion auf den Chinesenspuk

Durch diese widersprüchliche Einschätzung des Traums seiner Frau bleibt das Spukerlebnis für den Leser, der sich selbst einen Reim darauf machen muss, weiterhin ungelöst.

Das Paar folgt einer Einladung Gieshüblers zu einem Liederabend mit der Sängerin Tripelli, der Tochter des verstorbenen Pfarrers von Kessin. Als sie während der Schlittenpartie zu Gieshübler am Chinesengrab vorüberkommen, gibt Innstetten den Ängsten seiner Frau aber neue Nahrung: Er erzählt, dass in Kessin tatsächlich ein Chinese gelebt habe. Dieser habe auf der Hochzeitsfeier der Nichte oder Enkelin von Kapitän Thomsen mit der jungen Braut getanzt, worauf diese spurlos verschwunden sei und der Chinese selbst 14 Tage später unter rätselhaften Umständen verstorben und außerhalb der Stadt begraben worden sei. Auch in dieser Geschichte spielt das immer wiederkehrende Motiv einer Dreiecksbeziehung mit eifersüchtiger Reaktion eine Rolle.

Motiv der Eifersucht

Das Gespräch bei Gieshübler kreist um das ungewöhnliche Leben der Sängerin Tripelli, von der Innstetten weit weniger angetan ist als seine Frau. Er warnt sie: „Aber hüte dich vor dem Aparten […] Was dir so verlockend erscheint […],

Gespräch über Tripelli

30 Inhalt, Aufbau und erste Deutungsansätze

das bezahlt man in der Regel mit seinem Glück." (S. 100,
Z. 6–10) Effis spätere Scheidung wird dadurch eindeutig
vorweggenommen.

11. Kapitel

Leitmotiv:
Züge

Während der Fahrt sieht Effi den Schnellzug nach Danzig,
der über Hohen-Cremmen fährt, und hat dabei sogar eine
Träne in den Augen. Das Leitmotiv vorbeifahrender Züge,
denen Effi gerne nachblickt, taucht mehrfach im Roman
auf und drückt die Sehnsucht Effis, hier nach ihrer Heimat
in Hohen-Cremmen, später nach einem anderen Leben,
aus.

Tripellis
unkonven-
tionelles
Leben

Effi verfolgt im Hause von Gieshübler mit kritikloser Begeis-
terung den Gesang der Tripelli, der von Pastor Lindequist
am Klavier begleitet wird, und gesteht, dass sie in kultu-
rellen Dingen wenig Ahnung hat. Tripelli, die als unverheiratete Künstlerin außerhalb der gesellschaftlichen Konventionen lebt und ein offenes Verhältnis mit einem russischen
Fürsten unterhält, erscheint als selbstsichere, schlagfertige,
freie und ungebundene Person, welche sich von den gesellschaftlichen Vorbehalten, denen sie ausgesetzt ist, un-
beeindruckt zeigt. Dazu passt, dass sie – ganz im Gegensatz zu Innstetten – Verständnis für Effis Spukangst zeigt.

12. Kapitel

Effis
Schwangerschaft

In einem langen Brief an ihre Mutter berichtet Effi an Silves-
ter von ihrer Einsamkeit und kündigt an, dass sie Anfang
Juni ein „frohes Ereignis" erwarte und nach der Entbindung
einige Zeit in Hohen-Cremmen verbringen möchte. Den
geplanten Besuch der Mutter in Kessin sagt sie dagegen
ab, weil das Haus zu klein sei. Diese Wünsche offenbaren
ihre Sehnsucht nach familiärer Geborgenheit.

Kritik an
Innstetten

Weiterhin erzählt sie von ihrem Spukerlebnis und übt Kritik
an der Verständnislosigkeit ihres Mannes, der aber von ihrer Angst nichts wissen dürfe. In diesem Kapitel kommt

somit erstmals das Motiv der Heimlichkeit hinzu, das im weiteren Verlauf der Romanhandlung Effis Psyche und ihre Ehe belasten wird.

Motiv der Heimlichkeit

13. Kapitel

Effi erlebt einen langweiligen Winter mit Besuchen und Gegenbesuchen der benachbarten Adelsfamilien, in den lediglich die Süßigkeiten, Blüten und Zeitungen, die ihr Gieshübler schickt, ein wenig Ablenkung bringen. Innstetten, der sich in seine Akten vertieft und sich gegenüber Effi nur „in ein paar wohlgemeinten, aber etwas müden Zärtlichkeiten" (S. 19, Z. 20f.) ergeht, erweist sich als nachlässiger Ehemann. Damit wird eine wesentliche Grundlage für die in den folgenden Kapiteln geschilderte Verführung Effis durch Crampas gelegt.

Langweiliger Winter in Kessin

Effi schreibt ihrer Mutter, dass ihre Angst vor dem Spuk inzwischen geringer geworden sei. Offenbar scheint sich eine Veränderung von Effis Lebensumständen anzudeuten. In einem weiteren Brief an ihre Mutter erwähnt sie den neuen Landwehrbezirkskommandeur Major von Crampas, einen „Trost und Rettungsbringer" (S. 120, Z. 33f.), dem

Ankündigung von Crampas in Effis Brief

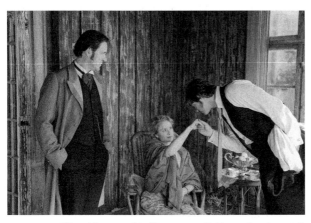

Innstetten, Effi und Crampas (Verfilmung von H. Huntgeburth, 2009)

als „Mann vieler Verhältnisse" (S. 121, Z. 17) und Duellant ein zweifelhafter Ruf vorausgehe und dessen eifersüchtige Frau melancholisch sei. Effi macht sich sogar im Brief Gedanken darüber, ob Crampas geeignet sei, „in Kessin ein neues Leben beginnen zu können" (S. 122, Z. 4f.). Diese Reflexion macht deutlich, wie sehr sich Effi nach einem abwechslungsreicheren Leben in Kessin sehnt.

Einstellung Roswithas als Kindermädchen

Effi trifft bei einem Spaziergang mit Rollo Mitte Juni auf dem Dünenkirchhof Roswitha, die nach dem Tod ihrer Arbeitgeberin soeben arbeitslos geworden ist und von Effi sogleich als Kindermädchen engagiert wird. In ihr findet sie eine Vertraute, die sie auch nach der Scheidung nicht im Stich lassen wird.

14. Kapitel

Geburt und Taufe der Tochter

Am 3. Juli wird ihre Tochter Annie geboren. An der Tauffeier am 15. August werden vaterländische Reden gehalten. Aus dem Gespräch zwischen Gieshübler, Effi und Crampas über Effis Jugend werden deren Einsamkeit und ihr Wunsch, erwachsener zu werden, ersichtlich. Crampas, dessen planmäßige Verführung Effis nun beginnt, nutzt die Gelegenheit zu einigen scherzhaften Bemerkungen gegenüber Effi und ersten vorsichtigen Komplimenten. Am Tag darauf treten Effi, Annie und Roswitha die lang ersehnte Reise nach Hohen-Cremmen an.

Insgesamt legen die beiden letzten Kapitel des zweiten Erzählblocks mit Effis Langeweile und der Ankündigung sowie dem ersten Auftreten von Crampas die entscheidenden Grundsteine für die in den folgenden neun Kapiteln erzählten Ereignisse.

Teil III: 15. – 22. Kapitel

Allmähliche Verführung Effis durch Crampas bis hin zum Ehebruch

15. Kapitel

Effi genießt mit ihrer Tochter und Roswitha sechs ruhige und glückliche Wochen im elterlichen Hohen-Cremmen, spielt mit ihren Freundinnen und setzt sich wieder wie früher auf ihre Schaukel. Dabei empfindet sie „in dem Gefühle: ‚jetzt stürz ich', etwas eigentümlich Prickelndes, einen Schauer süßer Gefahr" (S. 136, Z. 24–26). Wie so oft werden hier Effis Hang zur Gefahr und ihr Leichtsinn mit dem Schaukelmotiv verbunden. Auf die Sonnenuhr und den Teich (Leitmotive!) blickend, gesteht sie ihrer Mutter und ihrem besorgten und ratlosen Vater, der sich darüber wundert, dass Innstetten sie nicht einmal besucht, dass sie menschliche Wärme und Zuwendung vermisse. Diese Sehnsucht erhöht das Verständnis des Lesers für die im Folgenden beginnende Verführung Effis durch Crampas.

Glückliche Wochen mit Annie in Hohen-Cremmen

Zurück in Kessin sitzt Effi beim Frühstück auf der Veranda im Schaukelstuhl, dem Symbol für Effis Leichtsinn und Hang zum Abenteuer. Innstetten stellt fest, dass seine Frau durch die Mutterschaft etwas Verführerisches habe, was Effis Anziehung auf Crampas vorwegnimmt. Da kommt Major von Crampas, gegenüber Effi seine Männlichkeit unter Beweis stellend, vom Baden im herbstlich kalten Meer und erzählt in einem angeregten und von einigen Anzüglichkeiten geprägten Gespräch von den geplanten Theaterabenden. Crampas' Anspielungen auf die für ihn passende Todesart („Wer für den Strick geboren ist, kann im Wasser nicht umkommen.", S. 143, Z. 2f.; „Es steht mir nämlich fest, dass ich einen richtigen und hoffentlich ehrlichen Soldatentod sterben werde.", S. 143, Z. 14–16; „um nicht direkt vor Ihren Pistolenlauf zu kommen", S. 143, Z. 29f.) sind erneut ein Beispiel dafür, wie Fontane den Personen immer wieder Vorausdeutungen auf die künftige Handlung in den Mund legt. Das Kapitel markiert die erste Stufe von Effis Verführung durch Crampas.

Crampas' Bad im Meer

16. Kapitel

Offenbarung von Wesensunterschieden bei der Robbenjagd

Crampas besucht die Innstettens fast täglich. Zunächst reitet er stets mit Innstetten allein aus, dann nimmt Effi auf eigenen Wunsch auf einem von Crampas besorgten Damensattel an den Ausritten teil. In einem Gespräch über die an sich verbotene Robbenjagd werden die Unterschiede zwischen Crampas, der den Leichtsinn verteidigt und von Gesetzen wenig hält, und dem „Prinzipienreiter" Innstetten, der auf „Zucht und Ordnung" Wert legt, deutlich. Effis Händeklatschen zeigt, dass sie Sympathie für Crampas hegt. Crampas, der die nächste Stufe der raffinierten Verführung Effis angeht, tritt nun erstmals deutlich als Gegenpol zu Innstetten auf und wird für Effi zu einer Alternative zu ihrem Mann.

Innstettens erzieherische Absicht

Als Innstetten wegen seines Wahlkampfes verhindert ist, reiten Effi und Crampas allein aus. Dabei behauptet Crampas, dass Innstetten den Chinesenspuk als Erziehungsmittel einsetze, um Effi einzuschüchtern und während seiner Abwesenheit zu kontrollieren. Indem sich Crampas als einfühlsamer und verständnisvoller Gesprächspartner zeigt, gewinnt er zunehmend das Vertrauen Effis und ändert gleichzeitig geschickt die Rolle Innstettens in der Ehe mit Effi. Damit entfernt er Effi innerlich von ihrem Gatten und ebnet somit wieder ein Stück mehr den Weg zum Ehebruch. Als symbolische Vorausdeutung darauf reiten sie auf dem Rückweg am Kirchhof und am Chinesengrab vorbei.

17. Kapitel

Crampas' Taktik beim Picknick in den Dünen

Bei ihrer Rückkehr denkt Effi über Crampas' Aufklärung und über Innstettens „Angstapparat aus Kalkül" (S. 154, Z. 29 f.) betroffen bis empört nach. Nach einem kleineren Zeitsprung („Inzwischen war Mitte November herangekommen"; S. 155, Z. 17) picknicken Crampas und Effi beim letzten gemeinsamen Ausritt Mitte November in den Dünen. Der Major schwärmt gegenüber der literarisch un-

Crampas und Effi in den Dünen (Verfilmung von R. W. Fassbinder, 1974)

gebildeten Effi von der romantischen und die Liebe hochhaltenden Lyrik Heines und erzählt die Geschichte von einem Ritter, der die spanische Königin geliebt habe und vom eifersüchtigen König heimlich hingerichtet worden sei. Crampas erzeugt bei diesem Gespräch eine romantische Stimmung. Es wird deutlich, dass sich Effi in seiner Gegenwart weniger langweilt als in Innstettens. Seine in ein literarisches Gewand gekleideten Anzüglichkeiten grenzen ihn einerseits von dem eher an Malerei interessierten Innstetten ab und deuten andererseits an, dass er Effi begehrenswert findet, ein Gefühl, das Innstetten seiner Frau nicht vermitteln kann. Crampas lässt sich das Glas geben, aus dem Effi getrunken hat, und wird von ihr zurechtgewiesen. Er gibt ihr damit symbolisch zu verstehen, dass er sie gerne länger in seiner Nähe hätte. Sie durchschaut seine Taktik und wird schweigsam, dies zeigt ihre Verlegenheit, aber auch ihre innere Unsicherheit und ihre Zweifel über die Rechtmäßigkeit von Crampas' Absichten.

36 Inhalt, Aufbau und erste Deutungsansätze

18. Kapitel

Effi in einem Theaterstück

Effi, die das Gefühl beschleicht, eine Gefahr überstanden zu haben, fasst den Vorsatz, auf die Begegnungen mit Crampas zu verzichten. Sie ist aber dann doch „wie elektrisiert", als sie auf Initiative Gieshüblers in dem von Crampas inszenierten Theaterstück „Ein Schritt vom Wege" mitspielen kann, das noch vor Weihnachten erfolgreich aufgeführt wird. Der Titel verweist recht eindeutig auf den später erfolgenden Ehebruch. Zumal Innstetten, der von der Ausstrahlung und vom schauspielerischen Talent seiner Frau entzückt ist, sie ausdrücklich vor dem „Damenmann" (S. 168, Z. 36) Crampas warnt.

Weihnachtsfeier beim Oberförster

Zu Weihnachten ist Effi bedrückt, denn einerseits ängstigt sie Crampas' Verehrung, andererseits ist sie darüber verstimmt, dass er ihr an Weihnachten keine Grüße schickt. Crampas' Verhalten ist wohlkalkuliert. Effi soll sich seiner Verehrung nicht zu sicher sein und seine Aufmerksamkeiten vermissen. Am Kaffeetisch im Hause des Oberförsters kokettiert dessen dreizehnjährige Tochter Cora mit Innstetten und Crampas, was sich beide gefallen lassen und Effi verärgert. Wie so oft lässt Fontane das Leitmotiv des Ehebruchs fast unmerklich einfließen.

Spiegelung der Situation Effis in einem Gedicht

Bei dem darauf folgenden Spaziergang erzählt Effi Crampas von dem Gedicht „Gottesmauer", in dem eine Witwe zu Gott betet, er möge sie vor dem Feind beschützen. Daraufhin sei sie völlig eingeschneit und der Feind sei vorübergezogen. Crampas kann mit der Geschichte wenig anfangen und wechselt das Thema. Der Dialog zeigt, dass Effi die Annäherungen Crampas' im Unterbewusstsein als Bedrohung wahrnimmt.

19. Kapitel

Harmonischer Verlauf des Festes

Das Fest, bei dem mit sehr gutem Essen aufgewartet wird, verläuft mit Ausnahme der Sticheleien Sidonie von Grasenabbs gegen die angeblich zu eitle und schlecht erzogene

Tochter des Hauses (Cora), die weiter mit Crampas flirtet, und Güldenklees zum Ausdruck kommenden Antisemitismus recht harmonisch. Coras Verhalten und die Reaktion Grasenabbs sind eine weitere dezente Vorwegnahme von Effis späterem Ehebruch sowie des gesellschaftlichen Drucks, unter dem Innstetten deshalb stehen wird.

Der Roman erreicht fast exakt in seiner Mitte (sowohl nach Seiten- als auch nach Kapitelanzahl), als die Kessiner mit den drei Schlitten vom Fest zurückfahren, seinen ersten Wendepunkt. Er wird durch Effis Geständnis gegenüber der mit ihr im Schlitten sitzenden und sie vor dem Hinauslehnen warnenden Sidonie, dass es ihr recht wäre, wenn sie aus dem Schlitten flöge (vgl. S. 181, Z. 20 f.), eingeleitet und vorsichtig angekündigt. Denn sie geraten in den Schloon – in ein vom Flutwasser ausgefülltes Rinnsal unter der Schneedecke –, der mit Schlitten fast nicht zu durchfahren ist. Dieser Ort, der auch mit den bedeutungsähnlichen Bezeichnungen „Abgrund", „Sog", „Sumpf" und „Moor" umschrieben wird, erhält symbolische Bedeutung, denn er verweist auf Effis allmähliches Hinübergleiten in die Affäre mit Crampas. Bei der Überquerung müssen die Kutschen gewechselt werden, sodass schließlich Effi und Crampas allein in einem Wagen sitzen. Crampas nutzt die Gelegenheit, ergreift Effis Hand und küsst sie leidenschaftlich. Dieser wird schummrig, als wenn sie ohnmächtig würde. Aber sie wehrt sich nicht und bricht damit vollends mit der normativen Ordnung der Gesellschaft. Auch hier fällt auf, dass diese entscheidenden Vorgänge während der Schlittenfahrt recht knapp abgehandelt werden, während die vorangegangenen vorbereitenden Dialoge zwischen Crampas und Effi, in denen die allmähliche Annäherung der beiden deutlich wird, sehr ausführlich gestaltet sind.

Wendepunkt: Erste Küsse

20. Kapitel

Innstettens Reaktion

Am nächsten Morgen warnt der misstrauisch gewordene Innstetten, der die Schlittenfahrt zu zweit nur ungern gesehen hat und geträumt hat, Effi und Crampas seien im Schloon versunken, seine Frau vor Crampas. Dieser sei ein „Mann der Rücksichtslosigkeiten" und habe „so seine Ansichten über junge Frauen" (S. 188, Z. 8 f.). Doch Effi reagiert gereizt und nimmt Crampas in Schutz.

Warnungen vor Crampas

Beim Silvesterball trifft Effi nur kurz auf Crampas. Dieser rühmt die Schönheit eines jungen Fräuleins, wobei sein Blick aber gleichzeitig Effi bewundernd streift. Diese Mischung aus Anstachelung der Eifersucht Effis und Bewunderung stellt eine weitere Stufe der Verführungskünste von Crampas dar. Effi redet mit der Ritterschaftsrätin von Padden, die ein realistisches Bild von Crampas hat und Effi zum Ankämpfen gegen gewisse Anfechtungen auffordert. Ein paar Tage später freut sich Effi über die gelungenen Bergungsmaßnahmen der Besatzung eines aufgelaufenen Schiffes. Dieses Detail fungiert als versteckte Andeutung der Gefahr, die auf sie lauert.

Effis Machtlosigkeit gegenüber Crampas

Als Effi am 5. Januar erfährt, dass Kessin zur Garnisonsstadt werden könne, ist sie zunächst sehr glücklich über die dadurch in Aussicht stehende Nähe zu Crampas, weint dann aber, weil sie sich wie eine Gefangene ihrer Gefühle vorkommt und spürt, dass sie Crampas nicht widerstehen werden könne.

Spaziergänge in den Dünen

Effi zieht sich immer mehr zurück, drängt darauf, dass ihr die bevorstehenden Besuche bei den Adelsfamilien erspart werden, kränkelt und geht auf Anraten des Arztes lieber häufig allein in den Dünen spazieren. Meist verfehlt sie dabei absichtlich Roswitha, mit der sie sich verabredet hat. Dies lässt ahnen, dass sie sich mit Crampas trifft. Nur als Crampas zur Klärung der Garnisonsfrage nach Stettin muss, verzichtet sie auf die Spaziergänge. All dies wird der Leser als Hinweis auf Effis Affäre mit Crampas zu deuten wissen.

Inhalt, Aufbau und erste Deutungsansätze

Was sich in den Dünen zwischen Effi und Crampas ereignet, lässt Fontane offen. Er verzichtet auf jegliche Beschreibung erotischer Szenen und belässt es bei vielsagenden Andeutungen: „Ein schönes Gefühl hatte wieder Platz in ihrem Herzen gefunden, und es beglückte sie unendlich, dass es so war." (S. 193, Z. 23–25); „So trieb sie denn weiter, heute, weil sie's nicht ändern konnte, morgen, weil sie's nicht ändern wollte. Das Verbotene, das Geheimnisvolle hatte seine Macht über sie." (S. 195, Z. 1–3); „Es ging aber doch weiter so, die Kugel war im Rollen, und was an einem Tage geschah, machte das Tun des andern zur Notwendigkeit." (S. 195, Z. 16–18). Typisch für die zwar auktoriale, aber mit Kommentaren des Erzählers äußerst zurückhaltende Erzählhaltung ist, dass Effis Verhalten vom Erzähler weder verurteilt noch gerechtfertigt wird.

Aussparung erotischer Handlungen

21. Kapitel

Vier Tage nach Innstettens Abreise kommt Crampas mit der Nachricht, dass wegen der zurückhaltenden Reaktion der Kessiner die Stadt nicht zur Garnison werde. Wegen Crampas' Anwesenheit – so wird der Leser richtig vermuten – nimmt Effi ihre täglichen und immer länger werdenden Spaziergänge trotz des schlechten Wetters wieder auf, wobei sie weiterhin Roswitha, mit der sie sich treffen will, verpasst. Dass sie sich mit Crampas trifft, wird ausgespart und muss vom Leser erahnt werden.

Fortsetzung der Spaziergänge

In einem Gespräch mit Roswitha projiziert Effi ihre Verfehlungen auf diese. Sie tadelt ihre Dienerin, weil sie mit dem Kutscher Kruse, dessen Frau gemütskrank ist, schäkert. Auch hier klingt das Motiv des Ehebruchs wieder an. Doch Roswitha beruhigt sie, indem sie erzählt, dass sie als unverheiratete Frau schwanger geworden sei und von ihrem Vater deshalb mit einem glühenden Eisen geschlagen worden sei. Das Kind sei ihr weggenommen worden. Sie will sich umbringen, wenn ihr so etwas noch einmal passiert. Effi erkennt, dass ein

Roswithas Vorgeschichte

40 Inhalt, Aufbau und erste Deutungsansätze

Verhältnis mit einem verheirateten Mann nicht gut gehen kann, spürt aber auch, dass man sich nicht dagegen wehren kann („Ja, was weiß man nicht alles und handelt doch, als ob man es nicht wüsste.", S. 202, Z. 28f.).

Erleichterung Effis nach Innstettens Beförderung

Als Innstetten aus Berlin zurückkehrt, bemerkt er eine Veränderung an seiner Frau. Er erkennt, dass Effi mit einem Mal aussehe wie eine Frau. Dies ist eine Andeutung der außerehelichen Affäre Effis. Außerdem verkündet er, dass er zum Ministerialrat befördert worden sei und sie nach Berlin umziehen würden. Effi beginnt zu zittern, dann reagiert sie auf die überraschende Nachricht mit dem erleichterten Seufzer „Gott sei Dank!" (S. 208, Z. 30). Innstettens Misstrauen versucht sie, mit dem Hinweis auf ihre Angst vor dem Spuk zu entkräften. Selbst der Hund Rollo spürt die Veränderungen bei Effi und legt seinem Herrn nicht mehr die Pfoten auf die Schultern.

Charakteristisch für Effis Wesen ist zweierlei: Erstens ist sie nicht in der Lage, ihre Affäre selbst zu beenden, denn die Trennung von ihrem Liebhaber wird durch ein von ihr nicht beeinflussbares Ereignis im Leben ihres Mannes herbeigeführt. Zweitens zeigt ihre Reaktion, dass sie im Grunde erleichtert über die neue Wendung ist. Ihre Affäre war offenbar nicht von einer unstillbaren Leidenschaft geprägt.

22. Kapitel

Effis Erleichterung und Abreise nach Berlin

Innstetten verspricht seiner Frau in Berlin ein großzügiges und standesgemäßes Haus. Effi, die sich fühlt, als habe der liebe Gott eingegriffen und sie von ihren Ängsten und aus ihren Verstrickungen befreit, will die Wohnung selbst suchen und bittet ihren Mann, sie sofort mit Annie und Roswitha nach Berlin fahren zu lassen. Dabei will sie nicht sagen, wo sie wohnen wird. Der Satz „Ich will auch ein Geheimnis haben." (S. 211, Z. 29f.) kann an dieser Stelle durchaus doppeldeutig gemeint sein. Als sie erfährt, dass sich ihre Mutter wegen einer Augenbehandlung gleichzeitig in Berlin aufhält und ihre Hilfe anbietet, steht der Abreise aus Kessin und dem neuen Leben in Berlin nichts mehr im Wege.

Effi entschuldigt in einem Abschiedsbrief an Crampas dessen Verhalten, er soll das Vergangene vergessen, sie übernimmt selbst die Schuld. Am nächsten Tag fährt sie mit dem Schiff zur Bahnstation. Crampas steht am Kai und grüßt die winkende Effi. Der sich in Bewegung setzende Zug symbolisiert das Ende eines Abschnittes in Effis Leben. Dieses Kapitel beendet Effis Seitensprung mit Crampas und führt darüber hinaus recht deutlich vor Augen, dass die außereheliche Beziehung nicht auf eine tief empfundene Leidenschaft, sondern eher auf Effis Langeweile in der Ehe und auf Crampas' Lust auf ein weiteres Abenteuer zurückführbar ist.

Fehlende Leidenschaft

Stufen der Verführung Effis

Küsse (Dünen)
Abwechslung (Theateraufführung)
Anspielungen und Anzüglichkeiten (Picknick in den Dünen)
Aufklärung über Innstettens Erziehung (Ausritt in den Dünen)
Abgrenzung von Innstetten (Robbenjagd)
Beweis der Männlichkeit (Bad im Meer)

Teil IV: 23. – 31. Kapitel

Effis entspanntes Eheleben in Berlin, Aufdeckung des Ehebruchs und seine Folgen

Abschnitt 1: 23. – 25. Kapitel

Effis entspanntes und gesellschaftlich erfülltes Eheleben in Berlin

23. Kapitel

Effis Loslösung von Crampas

In Berlin trifft Effi auf ihre Mutter und ihren Vetter Dagobert, der ein alberner, unreifer und eitler Jüngling geblieben ist und bedauert, dass kein Krieg ist, in den er ziehen könnte, ein Seitenhieb des Erzählers auf Militarismus und Kriegsbegeisterung des Kaiserreichs. Effi und ihre Mutter schauen gemeinsam Wohnungen an.

Nach einem Zeitsprung („So waren schon beinah vierzehn Tage vergangen.", S. 225, Z. 6) erfährt der Leser, dass der ungeduldig gewordene Innstetten per Brief auf die Rückreise drängt. Aber Effi äußert gegenüber ihrer Mutter, wie schwer es ihr falle, nach Kessin zurückzufahren. Sie beschließt, eine Neubauwohnung in der Keithstraße nahe beim Tiergarten zu mieten. Als die Rückreise ansteht, täuscht Effi gegenüber ihrer Mutter eine Krankheit vor. Dies wird vom behandelnden Arzt, Geheimrat Dr. Rummschüttel, durchschaut. Dennoch deckt er Effis Absicht. Nachdem Effi an ihren Mann geschrieben hat, dass eine Rückreise nach Kessin nun nicht mehr lohne, schickt sie ein Stoßgebet zum Himmel, mit dem das Kapitel endet: „Nun, mit Gott, ein neues Leben! Es soll anders werden." (S. 231, Z. 40)

Effi ist froh, sich von Crampas lösen zu können. Demzufolge war ihre Beziehung zu ihm nicht von einer tiefen und unabänderbaren Leidenschaft geprägt. Außerdem wird deutlich, dass Effi von Gewissensbissen und der Angst, dass ihr Seitensprung nachträglich bekannt wird, gequält wird.

24. Kapitel

Als Innstetten eintrifft, ist er mit der Wahl der Wohnung und der Einrichtung zufrieden. Es fällt auf, dass die Wohnung gewisse Ähnlichkeiten mit dem Anwesen der Briests aufweist. Aber die Helligkeit der Zimmer, die Balkontür und die geöffneten Fenster, von denen man auf einen Park blickt, symbolisieren Effis neues, befreiteres Leben in Berlin, ihre Hoffnungen auf einen Neuanfang.

Symbolhafte Beschreibung der neuen Wohnung

Diese Hoffnungen drückt sie auch gegenüber ihrem Mann aus: „Nun bricht eine andere Zeit an und ich fürchte mich nicht mehr und will auch besser sein als früher und dir mehr zu Willen leben." (S. 232, Z. 11 – 14) Doch Innstetten erzählt Effi, dass Johanna ein Bild vom Chinesen in ihrem Portemonnaie mitgenommen habe, sodass das alte Gefühl der Bedrohung Effi wieder beschleicht. Das Leitmotiv steht hier für die Unmöglichkeit, ihre Schuld hinter sich zu lassen.

Bild des Chinesen in Berlin

Im Sommerurlaub fahren Innstetten und seine Frau auf die Insel Rügen. Dort hat Effi den Eindruck, dass ihre Ehe noch einmal von vorne beginne. Das Gasthaus, das sie dort aufsuchen, ist aber von hohen Buchen überschattet (vgl. S. 240, Z. 4 f.), was symbolisch andeutet, wie trügerisch die neue Harmonie in ihrer Ehe in Wirklichkeit ist. Dies wird bestätigt, als sie in ein Dorf mit dem Namen Crampas kommen und Effi darauf besteht, wieder abzureisen. Sie fahren weiter nach Kopenhagen und Jütland und verbringen schließlich noch ein paar Tage auf Hohen-Cremmen. Dort fragt Briest seine Frau, ob Effi wohl glücklich sei, was sie nicht eindeutig bejahen kann: „Sie lässt sich gern treiben, und wenn die Welle gut ist, dann ist sie auch selber gut." (S. 247, Z. 20 f.)

Urlaubsreise der Innstettens

Nach dem gemeinsamen Urlaub bleibt Effi Anfang Oktober noch einige Tage bei ihren Eltern, wo sie Annie wiedersieht. Die knappe Beschreibung des elterlichen Anwesens, auf das Effi am Abend blickt, enthält wieder einige Leitmotive des Romans: Die Sonnenuhr, die Heliotropbeete, die Schattenstreifen und die Rhabarberstauden verweisen

Besuch bei den Eltern

44   Inhalt, Aufbau und erste Deutungsansätze

symbolisch auf Effis glückliche Kindheit oder kündigen die unheilvolle Zukunft an.

Effis Schuld-gefühle und Angst

Am Vorabend ihres Hochzeitstages enthüllt der längste innere Monolog des Romans, dass Effi immer noch an ihre Affäre mit Crampas zurückdenkt. Sie empfindet zwar keine Schuld, schämt sich aber für ihr „Lügenspiel" (S. 250, Z. 35) und hat Angst, dass alles am Ende noch an den Tag kommt. Diese Gedanken bringen sie kurzzeitig zum Weinen. Das Leitmotiv des Zuges, der an Hohen-Cremmen vorbeifährt und dessen Rasseln Effi vernimmt, symbolisiert Effis Sehnsucht nach einem unbeschwerteren Leben. Der Leser erhält hier somit einen tiefen Einblick in Effis Seelenleben.
Trotz aller Anzeichen eines entspannteren Ehelebens gibt es also auch in diesem Kapitel Rückverweise auf Effis Affäre und Vorausdeutungen auf das kommende Unheil.

25. Kapitel

Entspanntes Eheleben

Als die Innstettens wieder in Berlin sind, nehmen sie stärkeren Anteil am gesellschaftlichen Leben. Die Entspannung im Verhältnis der Eheleute schlägt sich in unerwarteten Komplimenten Innstettens („Ja, die liebenswürdigste Frau, die wir jetzt haben, das ist doch die Frau von Innstetten.", S. 252, Z. 26f.) und in seinen scherzhaften Bemerkungen über Crampas („ganz Beau und halber Barbarossa, den meine Frau [...] stark in Affektion genommen hatte", S. 253, Z. 33 – S. 254, Z. 3) nieder. Die letztliche Bedeutungslosigkeit dieser Phase wird durch die starke zeitliche Raffung und den sehr summarischen Bericht der Ereignisse unterstrichen. Effi freundet sich mit der Frau des Ministers an und wird Ehrendame der Kaiserin Augusta. Dies lässt auf eine gelungene gesellschaftliche Integration schließen und verweist auf einen scheinbar geglückten Neubeginn. Dies wird durch Effis verblasste Erinnerung an die Vergangenheit bestätigt. Ihre unbefangenen Reden über den Chinesen und Kapitän Thomsens Nichte (vgl. S. 256, Z. 22 – 26)

Inhalt, Aufbau und erste Deutungsansätze **45**

unterstreichen hier den mittlerweile gewonnenen Abstand
zu den Ereignissen in Kessin.

Nach der stärksten Zeitraffung des Romans („als aber eine
lange, lange Zeit – sie waren schon im siebten Jahre in ihrer
neuen Stellung – vergangen war", S. 255, Z. 29 – 31) bleibt
auch im siebten Ehejahr der erhoffte männliche Nach-
wuchs aus. Effi wird von Dr. Rummschüttel zur Kur nach
Bad Schwalbach, dann nach Bad Ems geschickt. Vor der
Abreise fragt sie Roswitha, ob diese zur Beichte gehe, um
sich zu erleichtern, wenn ihr etwas auf der Seele liege.
Roswitha legt keinen Wert auf die Beichte, da sie auch ohne
Beichte auf Gott und seine Hilfe vertraut. Effis vage Ankündigung, sie wolle nach der Kur mit ihr über die „große
Sünde" (S. 257, Z. 18) reden, kann sowohl auf Roswithas
Vorleben als auch auf Effis Affäre gemünzt sein. Das Ge-
spräch, das der Entdeckung des Ehebruchs vorangeht,
macht deutlich, dass Effi ihren lang zurückliegenden Seitensprung noch immer als Last empfindet.

*Ausbleiben
des zweiten
Nachwuchses*

Der große Zeitsprung zeigt, dass es dem Erzähler ganz offensichtlich nicht darum geht, das weitere Eheleben der
Innstettens in Berlin in allen Einzelheiten zu schildern. Vielmehr möchte er möglichst schnell den Ehebruch in den
Zustand einer beachtlichen Verjährung überführen, um ihn
dann (vgl. Kapitel 26) aufdecken zu lassen. Dass Effi vorher
noch zur Kur geschickt wird, sodass sie bei der verhängnisvollen Entdeckung der verräterischen Briefe nicht dabei
sein wird, bezweckt, dass sie sich nicht rechtfertigen kann
und Innstetten seine Entscheidungen unbeeinflusst von
seiner Frau treffen wird.

*Vorbereitung
der Entdeckung
des Ehebruchs*

Dass in diesem Kapitel die stärkste zeitliche Raffung des
Romans stattfindet, zeigt, wie bedeutungslos für Effi letztlich die entspannteren sechs Ehejahre in Berlin waren.

Abschnitt 2: 26. – 31. Kapitel
Aufdeckung des Ehebruchs, Duell Innstettens mit Crampas
und Scheidung von Effi

26. Kapitel

Abwesenheit Effis

Nach der starken Raffung der Ereignisse und dem großen Zeitsprung von sechs Jahren im vorangegangenen Kapitel erstrecken sich die folgenden sechs Kapitel über einen Zeitraum von nur wenigen Tagen und erzählen ausführlich von der Vorbereitung, der Entfaltung und den Konsequenzen der Katastrophe. Bemerkenswert ist auch, dass die ersten vier dieser sechs Kapitel die einzigen sind, in denen die Titelfigur des Romans nicht direkt auftritt. Dadurch wird Innstetten in den Mittelpunkt des Geschehens gerückt. Durch diesen erzählerischen Kunstgriff wird ermöglicht und verdeutlicht, dass sich Effi gegen die Entscheidungen ihres Mannes in keiner Weise wehren kann.

Entdeckung der Briefe

Aus der Kur schreibt Effi von ihrem Leben in Bad Ems, wo sie sich vor allem mit Frau Geheimrätin Zwicker, einem anderen Kurgast, gut versteht. Als in Berlin, wo die Vorbereitungen für die Rückkehr Effis im Gange sind, Roswitha mit Annie bei einem Wettrennen die Treppe hochläuft, stürzt das Kind und verletzt sich an der Stirn. Auf der Suche nach einem Verband brechen sie ein Nähkästchen auf. In diesem entdecken sie ein Bündel mit Briefen, das mit einem roten Seidenfaden umwickelt ist. Sie legen es unbeachtet auf eine Fensterbank. Innstetten kommt hinzu, beruhigt seine kleine Tochter („Du bist so wild, Annie, das hast du von der Mama. Immer ein Wirbelwind.", S. 263, Z. 8–10) und lässt Dr. Rummschüttel holen.

27. Kapitel

Wendepunkt: Lesen der Briefe

Der zweite entscheidende Wendepunkt des Romans nach Effis Affäre mit Crampas wird erreicht, als der Arzt das Haus wieder verlassen hat und Innstetten beim Aufräumen das Bündel mit den Briefen in die Hände fällt. Er erkennt die Handschrift von Crampas, wird misstrauisch und merkt, dass es sich um an seine Frau gerichtete Briefe handelt, in denen teilweise auch Verabredungen getroffen werden.

Nach einem langen Spaziergang bittet Innstetten seinen Freund und Kollegen Wüllersdorf zu sich. Es fällt auf, dass Innstettens Gedanken und Gefühle nicht geschildert werden. Stattdessen folgt ein langes Gespräch mit Wüllersdorf. Innstetten teilt dem Freund mit, dass er Crampas seine Duellforderung überbringen und ihm sekundieren solle. Im Folgenden dreht sich die Unterredung um Sinn und Notwendigkeit des Duells, welches Wüllersdorf zunächst wegen der langen Zeit, die seit dem Ehebruch verstrichen ist, für überflüssig hält. Einerseits wird deutlich, dass Innstetten zwar nach so langer Zeit ohne Hass und Rachebedürfnis ist und Effi, der er verzeihen möchte, nach wie vor liebt. Andererseits gibt er aber auch zu verstehen, dass er sich durch die gesellschaftliche Konvention und die Mitwisserschaft Wüllersdorfs zum Duell gezwungen sieht.

Innstettens Entscheidung zum Duell

Wie wenig Rücksicht dieser „Ehrenkultus" auf die persönlichen Belange der Personen nimmt, wird auch in sprachlichen Auffälligkeiten des Dialoges deutlich: Es dominieren die Subjekte „man" (sechs Mal in diesem Gespräch!), „ein Etwas" (S. 269, Z. 38), „die Gesellschaft" (S. 270, Z. 3), „jenes […] uns tyrannisierende Gesellschafts-Etwas" (S. 270, Z. 10f.), bei den Prädikaten tauchen unter anderem fünf Mal das Modalverb „müssen" (S. 269, Z. 24, Z. 30, Z. 32; S. 270, Z. 13; S. 271, Z. 24) sowie Wendungen wie „Rücksicht nehmen" (S. 269, Z. 27), „abhängig sein" (S. 269, Z. 27f.), „das Glück nehmen" (S. 269, Z. 34f.), „keine Wahl haben" (S. 270, Z. 13), „in einer Sackgasse stecken" (S. 270, Z. 20) auf. Die dem gesellschaftlichen Druck entgegenstehenden Argumente „Charm[e]" (S. 269, Z. 13), „Liebenswürdigkeit" (S. 269, Z. 12f.) und „Verjährung" (S. 270, Z. 12f.) werden, mit der Negation „nicht" versehen, in einer knappen Aufzählung als wirkungslos abgetan und können Innstettens „Ich muss." (S. 270, Z. 13) nicht verhindern.

Wüllersdorf, der mit Bedenken wie „müssen Sie's durchaus tun?" (S. 268, Z. 25), „wozu die ganze Geschichte?"

Wüllersdorfs Zustimmung

(S. 269, Z. 22f.) „Ich weiß es nicht." (S. 268, Z. 28) und „Ich weiß doch nicht" (S. 270, Z. 14 und S. 270, Z. 33) seinen Kollegen umstimmen und von der Sinnlosigkeit eines Duells überzeugen möchte, bleibt nichts anderes übrig, als letztlich doch zuzustimmen: „Die Welt ist einmal, wie sie ist, und die Dinge verlaufen nicht, wie wir wollen, sondern wie die andern wollen […], unser Ehrenkultus ist ein Götzendienst, aber wir müssen uns ihm unterwerfen, solange der Götze gilt." (S. 271, Z. 24–30) Er reist noch am selben Abend nach Kessin, um die Forderung zu überbringen.

Innstetten: Argumente für und gegen das Duell

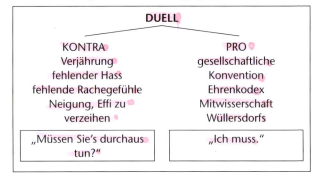

28. Kapitel

Ankunft in den Dünen

Einen Tag später begibt sich Innstetten nach Kessin, wo er Wüllersdorf trifft. In dem Gespräch der beiden berichtet Wüllersdorf, dass Crampas totenblass geworden sei, aber sich schnell gefangen und die Forderung mit einer Mischung aus Gleichmut und Anstand und in der Vorahnung seines Todes akzeptiert habe. Auch Crampas akzeptiert den starren Ehrenkodex, denn er stellt die Duellforderung keineswegs infrage und kommt ähnlich wie vorher Innstetten und Wüllersdorf zu dem Schluss: „es muss sein!" (S. 274, Z. 22). Innstetten erzählt dem Freund, wo er früher gewohnt hat und erwähnt dabei auch den „Chinesen, der

Inhalt, Aufbau und erste Deutungsansätze 49

vielleicht ein Liebhaber war" (S. 275, Z. 32). In dem Leitmotiv klingen sowohl Effis frühere Ängste als auch ihre Beziehung zu Crampas an.

An einem einsamen Dünenabschnitt am Strand wird das in   Tötung von
äußerster Knappheit geschilderte Duell ausgetragen, bei   Crampas
                                                           im Duell
dem Crampas von Innstetten erschossen wird: „[...] alles
erledigte sich rasch; und die Schüsse fielen. Crampas stürz-
te." (S. 276, Z. 31 f.) Mit dem nicht mehr vollendeten Satz
des sterbenden Crampas „Wollen Sie …" (S. 277, Z. 8) und
dem knappen Bericht seines Todes „und dann war es vorbei" (S. 277, Z. 10) endet das Kapitel. Darüber, was Crampas noch sagen wollte, lässt sich nur spekulieren: Von Vor-
würfen (z. B. „Wollen Sie Ihre Ehre wirklich wieder dadurch
herstellen, dass Sie sagen können, dass Sie mich getötet
haben?") über Bitten um Vergebung („Wollen Sie mir mein
Verhältnis mit Effi verzeihen?" oder „Wollen Sie bitte Ihrer
Frau verzeihen.") bis hin zu banalen Bitten (z. B. „Wollen
Sie mir bitte etwas Wasser geben?") sind viele Fortset-
zungen des Satzes denkbar.

29. Kapitel

Während der Rückfahrt im Zug wird Innstetten von starken   Innstettens
Selbstzweifeln geplagt. Ein langer innerer Monolog, einer   Selbstzweifel
der wenigen Passagen des Romans, in denen das Gesche-
hen aus der personalen Sicht Innstettens wiedergegeben
wird, spiegelt seine innere Zerrissenheit.

Zunächst versucht er, seine eigenen Zweifel zu beseitigen
und sie als rechtmäßig einzustufen: „Schuld verlangt Süh-
ne; das hat einen Sinn. Aber Verjährung ist etwas Halbes,
etwas Schwächliches" (S. 277, Z. 25–27). Doch sofort
nimmt er diese emotionale Einschätzung zugunsten einer
rationalen Bewertung zurück: „Verjährung ist das einzig
Vernünftige" (S. 277, Z. 32 f.). Den gesellschaftlichen Anspruch an den Menschen noch deutlicher als vorher als
Zwang und Prinzipienreiterei empfindend, erinnert er sich

an Wüllersdorfs Argument der Verjährung, das in den Mittelpunkt seiner Gedanken rückt: „Wo liegt die Grenze? Zehn Jahre verlangen noch ein Duell, und da heißt es Ehre, und nach elf Jahren oder vielleicht schon bei zehneinhalb heißt es Unsinn." (S. 278, Z. 5–8) Er entlarvt seine eigenen Motive als unmenschlich („Ja, wenn ich voll tödlichem Hass gewesen wäre, wenn mir hier ein tiefes Rachegefühl gesessen hätte …", S. 278, Z. 14–16) und ist sich darüber im Klaren, dass er wegen des bloßen Begriffs der Ehre sein eigenes Leben und das seiner Frau zerstört hat. Deshalb bedauert er, die Briefe nicht verbrannt und geschwiegen zu haben. Trotz dieser scharfsinnigen Erkenntnis ist ihm bewusst, dass er nun die „halbe Komödie" (S. 278, Z. 20) fortsetzen müsse. Damit unterwirft er sich erneut den Normen der Gesellschaft.

Dass Innstetten hier sein Verhalten ganz anders beurteilt als vor dem Duell, trägt neben der völligen Zurückhaltung des Erzählers in dieser Frage dazu bei, dass der Leser den Charakter Innstettens objektiver betrachtet.

Prinzipientreue Innstettens

Im Gegensatz zum in äußerst knapper Form erzählten Duell (vgl. Kapitel 28) werden Innstettens selbstkritische Gedanken danach – wie schon seine das Duell vorbereitenden Überlegungen im Gespräch mit Wüllersdorf (vgl. Kapitel 27) – sehr eingehend wiedergegeben. Doch obwohl er nun die Fragwürdigkeit seines Verhaltens durchschaut, bleibt er seinen starren Prinzipien treu und unterwirft sich erneut den gesellschaftlichen Normen, indem er seine Frau verstößt und seine Tochter der Mutter entfremdet. Er erweist sich damit zwar als reflektierendes, aber zugleich immer noch an die Normen gebundenes Mitglied der preußischen Gesellschaft, das seelisches Leid der Ehefrau auf sich nimmt, um selbst den Regeln zu entsprechen. Während der Mann seine Ehre wiederherstellen kann, bleibt die Frau wehrlos und wird durch den öffentlichen Charakter des Duells in Misskredit gebracht.

Inhalt, Aufbau und erste Deutungsansätze 51

In Berlin meldet Innstetten die Geschichte, die bereits als Sensation in der Zeitung vermeldet wird, dem Minister, der Verständnis zeigt, und eröffnet Johanna, dass Effi nicht wiederkomme und Annie von den Gründen zunächst nichts wissen dürfe. Die beiden Dienerinnen der Innstettens geben sich gegenseitig die Schuld daran, dass die Briefe entdeckt wurden. Während Roswitha Innstettens Verhalten verurteilt, zeigt Johanna Verständnis für ihren Herrn. Roswitha beschuldigt Johanna daraufhin, in Innstetten verliebt zu sein. Die unterschiedliche Beurteilung der Situation zeigt, wie verschieden die beiden Dienerinnen in ihrem Wesen sind. Daneben repräsentieren sie unterschiedliche gesellschaftliche Werthaltungen gegenüber Innstettens Entscheidung.

Wesensunterschiede zwischen den Dienerinnen

30. Kapitel

Effi, welche sich auf ihrer Kur wundert, seit vier Tagen keinen Brief von Innstetten bekommen zu haben, und gerade mit halbem Ohr von den Affären des verstorbenen Ehemanns von Frau Zwicker mit der weiblichen Dienerschaft erfahren hat, erhält von ihrer Mutter einen dicken eingeschriebenen Brief mit einem Bündel Geldscheinen. Bezeichnenderweise lehnt sie sich beim Lesen in ihrem Schaukelstuhl zurück. Dieser erinnert an das Schaukelmotiv und symbolisiert ihren Hang zu Gefahr. Nach der Lektüre der ersten Zeilen gesteht sie Frau Zwicker, schlechte Nachrichten erhalten zu haben, und geht auf ihr Zimmer, wo sie ohnmächtig zusammenbricht. Damit ist Effi an einem Tiefpunkt ihres Lebens angelangt.

Brief der Eltern an Effi

31. Kapitel

Bevor Effi den Brief zu Ende liest, sieht sie vom Fenster ihres Zimmers aus auf die Straße, die zwar im Sonnenschein liegt, auf die aber ein Gitter und Bäume ihre Schatten werfen. Die Leitmotive des Sonnenscheins und des Schattens

Konsequenzen für Effis Leben

52 Inhalt, Aufbau und erste Deutungsansätze

deuten an, dass die unbeschwerten Jahre in Berlin nun zu Ende gehen. In dem Brief erfährt sie von Crampas' Tod, der Scheidung, der Trennung von ihrem Kind und der Verurteilung des Ehebruchs durch ihre Eltern, die sich ähnlich wie Innstetten der gesellschaftlichen Konvention beugen. Sie habe zwar die materielle Unterstützung der Eltern, ihre Welt in Berlin und ihr Elternhaus blieben ihr aber von nun an verschlossen.

Bemerkenswert für das Rollenverständnis der Frau zu Fontanes Zeiten ist, dass es wie schon bei Effis Verlobung wieder ihre Mutter ist, die ihr Innstettens Entschluss, nun nicht zur Heirat, aber zur Auflösung der Ehe, mitteilt.

Abbruch der Kur Effi bricht ihre Kur ab. Die Geheimrätin von Zwicker, die aus der Zeitung erfahren hat, was vorgefallen ist, schreibt in einem Brief an eine Freundin, dass sie es unglaublich finde, kompromittierende Briefe aufzubewahren. Mit dem Wort „Duellunsinn" verurteilt sie (nicht der objektiv bleibende Erzähler!) die zwar auf einer langen Tradition beruhenden, aber zeitlich völlig überholten Lebensregeln des Adels.

Teil V: 32. – 36. Kapitel
Effis isoliertes Leben in Berlin, ihre Rückkehr ins Elternhaus und ihr Tod

Abschnitt 1: 32. – 33. Kapitel
Effis einsames Leben in Berlin und ihr Wiedersehen mit Annie

32. Kapitel
Effis Isolation Das Kapitel beginnt mit einem erneuten Zeitsprung: „Drei Jahre waren vergangen" (S. 295, Z. 17). Die Begnadigung Innstettens nach wenigen Wochen Festungshaft und die drei Jahre, welche Effi nach der Scheidung nur mit Roswitha gesellschaftlich isoliert in der kleinen Wohnung der Berliner

Königgrätzer Straße mit Handarbeiten, Klavierspielen, Patience-Legen und regelmäßigen Besuchen vonseiten ihres treuen Arztes Dr. Rummschüttel verbringt, werden in einem für den sonst sehr chronologisch erzählten Roman untypischen Rückblick äußerst knapp zusammengefasst: „Das ging so Jahr und Tag und darüber hinaus. [...] Aber auch das sollte sich eines Tages ändern." (S. 305, Z. 7–20)

Aufschlussreich ist wieder die Beschreibung der Wohnung, die den Seelenzustand Effis enthüllt. Die engen Räume und die meist geschlossen gehaltenen Fenster, die beim Öffnen den Blick auf die Christuskirche und den Matthäikirchhof sowie Bahndämme mit hin- und herfahrenden Zügen freigeben, stehen für Effis Isolation, ihre Sehnsucht nach einem anderen Leben und den bevorstehenden Tod. Als schuldig geschiedene Frau ist sie aus der Gesellschaft ausgestoßen und darf sich weder in einem Verein karitativ betätigen noch einen Beruf ergreifen.

Symbolhaltige Beschreibung der kleinen Wohnung

Das Leitmotiv des Chinesen, den Effi in einem Gespräch mit Roswitha erwähnt, taucht wieder auf. Nun aber steht der Chinese für das von der gesellschaftlich isolierten Effi

Berlin, Potsdamer Platz

54 Inhalt, Aufbau und erste Deutungsansätze

Verlorenes Glück rückblickend als „glückliche Zeiten" empfundene Leben in Kessin. Roswitha ergreift auf dem Kirchhof eine Sehnsucht nach dem Tod (vgl. S. 302, Z. 4), womit auch auf Effis frühen Tod vorausgedeutet wird.

Mitleid des Erzählers Um sich die Zeit zu vertreiben, nimmt sie bei einem Maler Unterricht, obwohl sie weiß, dass sie wenig begabt ist, und sieht darin sogar einen „Wendepunkt zum Guten" (S. 305, Z. 3f.). Dies veranlasst den Erzähler zu einer der wenigen subjektiven Anteilnahmen für Effi: „Ihr armes Leben war nun nicht so arm mehr" (S. 305, Z. 4f.).

Sehnsucht nach der Tochter Als sie nach einer Malstunde ihre Tochter überraschend kurz auf der Pferderennbahn gesehen hat, überlegt sie, ob sie Innstetten bitten solle, einem Wiedersehen mit Annie zuzustimmen. Schließlich verspricht die Ministerin in einem Gespräch mit Effi, bei Innstetten in dieser Angelegenheit ein gutes Wort für sie einzulegen. Indem Effi nicht resigniert und um den Kontakt zu ihrer Tochter kämpft, ergibt sich eine neue Hoffnung auf eine glückliche Wendung.

33. Kapitel

Besuch Annies Die Frau des Ministers konnte Innstetten überreden, Annie einen Besuch bei ihrer Mutter machen zu lassen. Beim Warten auf die Ankunft des Kindes erwähnt Effi gegenüber Roswitha den „Efeu drüben an der Christuskirche" (S. 310, Z. 19f.). Die zu Beginn des Gesprächs sehr erwartungsvolle Effi agiert zunächst überschwänglich, drängend und beharrlich werbend. Sie versucht, die Neugier der Tochter zu wecken („Weißt du wohl, Annie, dass ich dich einmal gesehen habe.", S. 311, Z. 12f.), sie sucht nach Gemeinsamkeiten („Das hast du von deiner Mama, die war auch so.", S. 311, Z. 18f.) und lockt sie mit Zukunftsentwürfen (gemeinsamen Spaziergängen, Eisessen). Dabei wechselt sie sprunghaft die Themen (Ereignisse, Schulfächer, Lehrer, Johanna, Rollo, gemeinsame Zukunft). Possessivpronomen („mein süßes Kind", S. 311, Z. 7), Aufforderungen („Und nun erzähle mir", S. 311, Z. 15) und Gesten (sie nimmt Annie bei der Hand) betonen, dass sie ihr mütterliches Recht durchsetzen möchte. Aber Annie ist unsicher, steif und zurückhaltend, fast desinteressiert, begegnet der Mutter eher wie einer Fremden. Sie greift nach der Tischdecke wie nach einem Halt und beantwortet jedes Angebot Effis mit der eingetrichterten und stereotypen Floskel „O ge-

Effi und ihre Tochter („Rosen im Herbst"; Verfilmung von R. Jugert, 1955)

wiss, wenn ich darf." (S. 312, Z. 25, Z. 28 und Z. 31), bis sie von ihrer stark enttäuschten Mutter weggeschickt wird. Daraufhin verurteilt Effi in einem verzweifelten Wutausbruch gegen Innstetten dessen Ehrbegriff: „Mich ekelt, was ich getan; aber was mich noch mehr ekelt, das ist eure Tugend." (S. 314, Z. 4–6)

Dies bleibt die einzige, von Effis Emotionen beherrschte Szene, in der sie sich gegen den von Innstetten vertretenen Ehrenkodex auflehnt.

Dann bricht sie vor Erregung zusammen und wird von Roswitha am Boden „wie leblos" (S. 314, Z. 9) aufgefunden. Dadurch wird ersichtlich, wie sehr die ansonsten recht gefasste Effi unter ihrer Situation leidet.

Abschnitt 2: 34. – 36. Kapitel
Effis Rückkehr ins Elternhaus nach Hohen-Cremmen, ihre Krankheit und ihr Tod

34. Kapitel

Rückkehr ins Elternhaus

Effis Gesundheitszustand verschlechtert sich nach der Begegnung mit ihrem Kind zusehends. Auf nachdrückliches Anraten Dr. Rummschüttels erlauben ihre auf dem „schattigen Steinfliesengange" vor dem sich um die Fenster rankenden wilden Wein (Leitmotive!) sitzenden Eltern – mit Blick auf die symbolträchtige und ebenfalls leitmotivisch immer wieder erwähnte Sonnenuhr – die Rückkehr ihrer Tochter nach Hohen-Cremmen. Ihr Vater teilt ihr den Entschluss telegrafisch mit den Worten „Effi komm." (S. 316, Z. 21 f.) mit und greift damit den Ruf auf, der in Kapitel 2 und Kapitel 3 für Effis unbeschwerte, unter anderem vom Spielen mit den Freundinnen beherrschte Kindheit, aber auch für Briests damalige Bedenken angesichts der bevorstehenden Vermählung der geliebten Tochter stand.

Rückkehr in ein kindliches Stadium

Nach einem Zeitsprung („Effi war nun schon über ein halbes Jahr in Hohen-Cremmen", S. 316, Z. 32 f.) wird knapp über eine Besserung ihres Zustandes, ihre Tätigkeit im Haushalt und Spaziergänge im Park berichtet. Bezeichnenderweise zieht sie wieder ihr „blau und weiß gestreiftes Kittelkleid" (S. 317, Z. 32 f.) an, was ihre Rückkehr in ein kindliches Stadium symbolisiert. Im zweiten von zwei kurzen Gesprächen, die sie mit alten Bekannten führt, erfährt man, dass sie sich wieder auf ihre Schaukel setzt. Dieses Leitmotiv hat eine ähnliche symbolische Funktion wie ihre Kleidung.

Andeutung von Effis Tod

Gleichzeitig dient das Leitmotiv hier aber auch als Ankündigung ihres nahen Todes. In einem Gespräch mit Pastor Niemeyer gesteht sie, dass ihr beim Schaukeln war, „als flög ich in den Himmel" (S. 320, Z. 34). Indem sie Pastor Niemeyer fragt, ob sie wohl in den Himmel komme, was dieser, sie zärtlich auf die Stirn küssend, bejaht, wird deutlich, dass sie ihren Tod vorausahnt.

35. Kapitel

Effi hält sich stundenlang im Freien auf und erkältet sich. Eine vom Arzt empfohlene Reise in die Schweiz oder an die Riviera lehnt sie aber ab. Durch ihren Hinweis auf den Heliotrop auf dem Rondell und die Sonnenuhr, die ihr lieber seien als die Riviera, wird wieder leitmotivisch auf die glücklichen Tage ihrer Kindheit, aber auch auf die Vergänglichkeit ihres Lebens (Sonnenuhr!) verwiesen. Bei ihren Spaziergängen gesteht sie Roswitha, dass sie ihren Hund Rollo, der sie zur Sicherheit begleiten könnte, vermisst. Der Hund steht hier als Symbol für Effis verlorene Ehe.

Erinnerung an die glückliche Kindheit

Es folgt ein Schauplatzwechsel. Innstetten erfährt durch einen Brief des Ministers, dass er zum Ministerialdirektor befördert wird, kann sich aber darüber nicht freuen. In einem anderen Brief bittet ihn Roswitha, Effi den Hund Rollo zu überlassen. Wüllersdorf und Innstetten erkennen die menschliche Größe der einfachen Roswitha („die ist uns über", S. 327, Z. 6). Dadurch wird Kritik an den „besseren Ständen" und ihrem erstarrten Ehrenkultus geübt.

Innstettens Unglück trotz Beförderung

Innstetten klagt seinem Freund, dass er sein Leben für verpfuscht hält und am liebsten in Afrika neu beginnen würde, was ihm aber Wüllersdorf „als Torheit" ausredet. Dieses Gespräch trägt zu einer gewissen Rehabilitierung Innstettens bei, der sein Fehlverhalten einsieht und sich aus dem Roman als gebrochener Charakter verabschiedet. Fontane selbst wies mehrfach darauf hin, dass Innstetten von den Lesern oft zu hart beurteilt werde: „Innstetten, der übrigens von allen Damen härter beurteilt wird, als er verdient"[1] (Brief vom 12.6.1895 an Unbekannt). Fontane bringt hier zum Ausdruck, dass eine einseitige, eher aus weiblicher Perspektive erfolgte Beurteilung Innstettens

Rehabilitierung Innstettens

---

[1] Fontane, Theodor: Werke, Schriften und Briefe. Hrsg. von Walter Keitel u. Helmuth Nürnberger. Abteilung IV. Briefe. Vierter Band, 1890–1898, hrsg. von Otto Drude und Helmuth Nürnberger. München (Carl Hanser) 1982, S. 431

nicht in seinem Sinne ist, denn „eigentlich ist er (Innstetten) doch in jedem Anbetracht ein ganz ausgezeichnetes Menschenexemplar, dem es an dem, was man lieben muss, durchaus nicht fehlt"[1] (Brief vom 27.10.1895 an Clara Kühnast).

36. Kapitel

Mitleid des Erzählers für Effi

Zwei Monate später freut sich Effi, ihren Hund wieder bei sich zu haben, und verbringt einen schönen letzten Sommer. Sie sitzt gern im Freien neben der Sonnenuhr, sieht bei ihren Spaziergängen sehnsuchtsvoll den Zügen nach und läuft mit ihrer Mutter um den Teich (Leitmotive!), erkältet sich aber in einer sternklaren Nacht am offenen Fenster sitzend erneut und wird bettlägrig, was den Erzähler ähnlich wie in Kapitel 9 zu einer seiner seltenen Mitleidsbekundungen für Effi veranlasst: „Arme Effi, du hattest zu den Himmelwundern zu lange hinaufgesehen" (S. 333, Z. 18 f.). Dr. Wiesike kündigt Herrn von Briest Effis bevorstehenden Tod an.

Vergebung für Innstetten

In ihrem letzten Gespräch mit ihrer Mutter bekennt Effi, dass sie Innstetten verzeihe und er in allen Dingen Recht habe: „Denn er hatte viel Gutes in seiner Natur und war so edel, wie jemand sein kann, der ohne rechte Liebe ist." (S. 335, Z. 36–38) Damit beurteilt sie das Verhalten ihres geschiedenen Mannes ganz anders als früher, etwa nach dem enttäuschend verlaufenen Besuch ihrer Tochter in Berlin. Da auch vonseiten des Erzählers keine Parteinahme zu erwarten ist, bleibt es dem Leser überlassen, sich selbst ein Urteil über die Personen zu bilden. Dies ist sehr typisch für Fontanes objektive, realistische Erzählweise. Kurz vor ihrem Tod hört Effi noch einmal das „Rieseln" der Platanen im Wind. Damit wird das Leitmotiv, das schon zu Beginn des Romans die Geborgenheit im Elternhaus symbolisierte, wieder aufgegriffen.

---

[1] ebd., S. 493 f.

Inhalt, Aufbau und erste Deutungsansätze 59

Nach einem letzten Zeitsprung von einem Monat erfährt *Effis Grab*
der Leser, dass Effi gestorben ist und in Hohen-Cremmen
an genau der Stelle begraben liegt, an der sich die Sonnenuhr befand (Symbol der abgelaufenen Lebensuhr!). Dort
befindet sich nun, umrahmt vom Heliotrop (Leitmotiv!),
eine weiße Marmorplatte. Ihr letzter Wille war, dass auf ihrem Grabstein, von dem Rollo nicht mehr weicht, „Effi
Briest" steht. Der Wunsch zeigt, wie sehr sich Effi der Familientradition verpflichtet fühlt, verdeutlicht aber auch, dass
sie am Ende ihres Lebens wieder zum Kind geworden ist.

Der Roman findet sein Ende in einem das Geschehen re- *Gespräch über*
flektierenden, abschließenden Gespräch der Eltern Effis, *die Schuldfrage*
das um die Frage kreist, was sie wohl falsch gemacht hät-
ten, und das in Frau von Briests Fragen „Ob wir nicht doch
vielleicht schuld sind?" (S. 337, Z. 16) und „[O]b sie nicht
doch vielleicht zu jung war?" (S. 337, Z. 23 f.) gipfelt. Ihr
Mann antwortet mit der für ihn typischen und sich leitmotivisch durch den gesamten Roman ziehenden Floskel:
„Ach, Luise, lass … das ist ein zu weites Feld." (S. 337,
Z. 26 f.) Wieder wird deutlich, wie sehr der alte Briest einer
tieferen Erörterung aus dem Weg geht und das Eingeständ-
nis der eigenen Schuld scheut.

Es fällt auf, dass viele Motive sowohl in den drei ersten als *Leitmotive des*
auch in den drei letzten Kapiteln des Romans auftauchen. *Romananfangs*
Sie geben dem Roman damit einen Rahmen: Hierzu gehö- *und -endes*
ren der Schauplatz Hohen-Cremmen mit vielen Details (der
schattige Fliesengang, das Rondell mit der Sonnenuhr, die
Schaukel, der Teich, der wilde Wein, der Heliotrop, die Platanen), die vorbeifahrenden Züge und Effis Kleidung (ihr
blau und weiß gestreiftes Kittelkleid) ebenso wie Effis Gefühl zu fliegen oder komplette Sätze (der Ruf „Effi komm."
und „das ist ein zu weites Feld"). Die den Roman abschließende Floskel des alten Briest überlässt es den Lesern, sich
selbst ein Urteil über die Schuldfrage zu bilden.

Hintergründe

Fontanes Lebensstationen

Kindheit und Jugend

Am 30. Dezember 1819 kommt Theodor Fontane als Sohn eines hugenottischen Familien entstammenden Apothekerehepaares in Neuruppin (Brandenburg), 50 Kilometer nordwestlich von Berlin, zur Welt. Im Alter von sieben Jahren ziehen seine Eltern, die ihre Apotheke aufgegeben haben, mit ihm nach Swinemünde (Pommern). Der Ort wird später zum Vorbild für das erfundene Kessin im Roman „Effi Briest". Mit 13 Jahren kehrt er nach Neuruppin zurück, wo er das Gymnasium – allerdings ohne große Erfolge – besucht. Deshalb wechselt er bereits ein Jahr später auf die Gewerbeschule in Berlin. Er bleibt mit Ausnahme einiger Reisen und Aufenthalte im Ausland (England, Schottland, Italien, verschiedene Kriegsschauplätze Europas) bis zu seinem Tod in Berlin.

Friedrich Rosmäßler, Das obre Bollwerk in Schwinemünde, 1837, Stahlstich; 20,9 X 25,5 cm Inv.-Nr.: G 271/56 K

Fontanes Lebensstationen 61

Fontane beginnt, Gedichte und eine Novelle zu schreiben, die 1839 in einer Berliner Zeitung veröffentlicht werden. Im gleichen Jahr macht er seinen Abschluss auf der Gewerbeschule und beginnt eine Apothekerlehre. Er arbeitet kurzzeitig in Magdeburg, Leipzig und Dresden als Apothekergehilfe.

Apothekerlehre und erste literarische Erfolge

1844 wird er Mitglied der Dichtergemeinschaft „Der Tunnel über der Spree"[1]. Mit seinen Balladen und Episoden aus der englischen und preußischen Geschichte erringt er erste literarische Erfolge. 1847 legt er das Staatsexamen als Apotheker erster Klasse ab. Der für Fontanes Beruf erforderliche und damit an den „Realien" orientierte naturwissenschaftliche Blick wird auch in seinen literarischen Werken spürbar sein. Außerdem verwundert nicht, dass die wohl sympathischste männliche Figur in „Effi Briest", nämlich Alonzo Gieshübler, ausgerechnet Apotheker ist.

Schreibender Apotheker

Im darauf folgenden Jahr veröffentlicht er einige Artikel, in denen er als Gegner des reaktionären Preußens die schließlich gescheiterte Märzrevolution verteidigt und das alte Preußen unter Friedrich dem Großen in Schutz nimmt. Als er seine Stellung in einem Krankenhaus verliert, muss er seine Apothekerlaufbahn aufgeben. Von nun an verdient er seinen Lebensunterhalt als freier Schriftsteller und Journalist. Am 16. Oktober 1850 heiratet er Emilie Rouanet-Kummer, die aus einer verarmten Berliner Hugenottenfamilie stammt und mit der er in den 50er-Jahren sieben Kinder

Freier Schriftsteller und Journalist

---

[1] „Der Tunnel über der Spree": von 1827 bis 1897 bestehende Berliner Gesellschaft von Künstlern und Dichtern

zeugt, von denen jedoch drei früh sterben. Die Ehe leidet sehr unter der finanziellen Unsicherheit. Zwischen 1861 und 1882 entstehen seine vier umfangreichen Bände der „Wanderungen durch die Mark Brandenburg". Bei seinen häufig zu Fuß unternommenen Wanderungen traf er immer wieder auf alte preußische Adelsfamilien, was sich später in vielen Romanen, darunter auch in „Effi Briest", literarisch niederschlagen wird. Fontane wird Berichterstatter der konservativen Preußischen (Adler-)Zeitung in London, wo er vier Jahre wohnt. Als Kriegsberichterstatter verfolgt er die preußischen Kriege gegen Schleswig-Holstein und Dänemark (1864), Österreich (1866) und Frankreich (1870/71). Dort wird er sogar als feindlicher Spion verhaftet und wochenlang eingesperrt. Er wäre beinahe exekutiert worden, wenn sich nicht Bismarck energisch für ihn eingesetzt hätte. Über die Kriege verfasst er mehrere Bände, ohne aber die erhoffte materielle Anerkennung dafür zu bekommen. Denn hierfür waren seine präzisen militärgeschichtlichen Darstellungen zu objektiv gegenüber dem unterlegenen Feind und zu detailliert, sodass sie für eine breite Leserschaft immer zu spät erschienen. Doch können sie vor allem wegen der akribischen Arbeitsweise und der neutralen Haltung des Berichterstatters als Vorstufe seiner späteren Arbeit als Romanautor angesehen werden.

Theaterkritiker und Spätwerk

1870 wird er Theaterkritiker bei der liberalen „Vossischen Zeitung". Er erntet viel Lob für seine Kritiken, verdient aber weiterhin nur wenig Geld damit. Im Januar 1876 bekommt er die Stelle des „ersten Sekretärs der Akademie der Künste", gibt diese aber kurz danach wegen des fehlenden Respekts, den der Präsident und der Direktor der Akademie ihm gegenüber an den Tag legen, wieder auf. Dies hat eine schwere Ehekrise zur Folge. In dieser Phase seines Lebens hat er wieder mehr Zeit für sein literarisches Schaffen und verfasst eine Reihe von Romanen, die als Fontanes „Alterswerk" gelten („Vor dem Sturm", „Grete Minde", „Schach

von Wuthenow", „Irrungen, Wirrungen", „Frau Jenny Trei-
bel", „Effi Briest", „Der Stechlin" u.a.). Anerkennung und
Erfolg stellen sich aber nur sehr langsam und sehr spät ein.
Ein richtiger Erfolg beim Publikum wird zu seinen Lebzeiten
nur der Roman „Effi Briest".

Fontane stirbt im Alter von 78 Jahren am 20. September
1898 in seiner Wohnung in Berlin an einem Herzschlag.

Im Roman „Effi Briest" haben viele Merkmale seiner Per-
sönlichkeit und Stationen seines Lebens ihren Niederschlag
gefunden. Dies betrifft die Orte, an denen er sich aufhielt.
Swinemünde diente als Vorbild für das erfundene Kessin,
die Straßen, in denen die Wohnungen der Innstettens bzw.
Effis liegen, kannte Fontane aus persönlicher Anschauung.
Ferner erforderten seine Tätigkeiten als Apotheker oder
Kriegsberichterstatter einen naturwissenschaftlichen, an
den Tatsachen ausgerichteten Blick auf das Leben und eine
exakte, möglichst objektive Wiedergabe der Fakten. Auch
seine Offenheit für Politik und damit für gesellschaftliche
Fragen beherrscht die Thematik seines Werkes, was in „Effi
Briest" besonders deutlich wird. In dem Roman werden die
strenge Ausrichtung an einem erstarrten Ehrbegriff und die
inhumane Behandlung geschiedener Frauen kritisiert.

Entstehungsgeschichte

Im Alter von 51 Jahren begann Theodor Fontane, der vor-   Fontanes
her lediglich durch seine Balladen und Gedichte und als   Spätwerk
Theaterkritiker auf sich aufmerksam gemacht hatte, auch
Romane zu schreiben, mit denen er Weltruhm erlangen
sollte. Von 1870 bis 1898, also in der letzten Epoche seines
dichterischen Schaffens, schrieb er neun Gesellschaftsro-
mane, welche in Berlin oder im märkischen Adel spielen
und in welchen er das Bild einer innerlich brüchigen Epoche zeichnete.

Erste
Niederschrift

Der drittletzte und sowohl zu Lebzeiten Fontanes wie nach seinem Tode bis heute erfolgreichste dieser großen Romane war „Effi Briest", an dem der Autor wahrscheinlich bereits 1888, spätestens aber 1890 zu schreiben begann. 1892 musste er wegen Krankheit die Arbeit daran unterbrechen, die er dann aber im Jahr darauf wieder aufnahm. In einem Brief schrieb Fontane über seine Arbeit an der Rohfassung: „Vielleicht ist es mir so gelungen, weil ich das Ganze träumerisch und fast wie mit einem Psychografen geschrieben habe. Sonst kann ich mich immer der Arbeit, ihrer Mühe, Sorgen und Etappen erinnern – in diesem Falle gar nicht. Es ist so wie von selbst gekommen, ohne rechte Überlegung und alle Kritik."[1]

Mehrere
Überarbeitungen

Nach dieser ersten Niederschrift unterzog Fontane sein Manuskript zwischen Mai 1893 und Mai 1894 mehreren sorgfältigen Überarbeitungen. Somit betrug die gesamte Entstehungszeit des Romans „Effi Briest" immerhin fünf Jahre.

Erscheinung

Er erschien von Oktober 1894 bis März 1895 im Vorabdruck als Fortsetzungsroman in der Monatszeitschrift „Deutsche Rundschau" (21. Jahrgang, Bände 81 und 82) und kam im Oktober 1895 als Buch im Verlag von Fontanes Sohn Friedrich heraus, wo der Roman innerhalb eines Jahres bereits fünf Auflagen erlebte.

Stoffliche Grundlage

Fontanes Roman „Effi Briest" basiert auf einem Berliner Gesellschaftsskandal, der in den Zeitungen und im Reichstag für großes Aufsehen sorgte. Am 27.11.1886 erschoss der vier Jahre vorher ans Kriegsministerium in Berlin abkom-

---

[1] Zitiert nach: Schafarschik, Walter: Theodor Fontane. Effi Briest. Erläuterungen und Dokumente. Stuttgart (Reclam) 2002, S. 108 f.

Stoffliche Grundlage 65

Elisabeth von Ardenne

mandierte Leutnant Armand Leon von Ardenne seinen Freund, den Amtsrichter Emil Hartwich, in einem Duell. Er hatte Liebesbriefe gefunden, aus denen eindeutig hervorging, dass seine Frau Else, geborene von Plotho, mit Hartwich ein Verhältnis hatte und sich beide scheiden lassen wollten, um zu heiraten. Ardenne wurde nach kurzer Festungshaft vom Kaiser begnadigt und ließ sich von seiner Frau scheiden. Die Kinder wurden ihm zugesprochen. Ardenne wurde noch bis zu seiner Penionierung (1904) zum Generalleutnant befördert. Elisabeth Freiin von Plotho, die von einem Gut in der Nähe von Rathenow stammte, starb mit fast 100 Jahren 1952 in Lindau am Bodensee.

Ein Ehrenmord als Vorlage

Fontane erfuhr die Geschichte sieben Jahre später bei einem Tischgespräch von der Inhaberin der Vossischen Zeitung, seiner Gönnerin Frau Emma von Lessing. Der in ihrer Erzählung vorkommende Ausruf der Freundinnen „Else komm!" machte einen großen Eindruck auf ihn und gab den Anstoß für den Roman „Effi Briest".[1] Inzwischen weiß man, dass Fontane das Ehepaar Ardenne sogar persönlich gekannt hat.

Fontanes erste Begegnung mit dem Stoff

An der stofflichen Grundlage nahm Theodor Fontane aufschlussreiche Veränderungen vor. Aus der leidenschaftlichen, von tiefer Liebe geprägten Beziehung einer 30-Jährigen, die mit einem nur unwesentlich älteren Mann ver-

Fontanes Veränderungen des Stoffes

---

[1] Vgl. Fontanes Briefe in zwei Bänden. Ausgewählt und erläutert von Gotthard Erler. Berlin und Weimar (Aufbau-Verlag) 1968, S. 394

heiratet war, machte Fontane eine kurzzeitige, eher oberflächliche Affäre eines unerfahrenen, naiven 18-jährigen Mädchens, das aus der gesellschaftlichen Konvention heraus in die Ehe mit einem ihr fast unbekannten 21 Jahre älteren Mann gedrängt wurde. Durch den Altersunterschied und die Entbehrungen, die Effi in ihrer Ehe mit Innstetten erleiden muss, wird der Ehebruch bei Fontane noch klarer motiviert. Außerdem wird Effi so noch weit mehr als Else von Ardenne ein Opfer der gesellschaftlichen Verhältnisse. Effi und Crampas wollten sich im Gegensatz zu Else und Emil nicht scheiden lassen, was Effis Bedürfnis nach mehr Abwechslung im Kessiner Ehealltag und eben nicht eine tief empfundene Leidenschaft als eigentlichen Grund für den Ehebruch in den Vordergrund rückt. Zwischen dem Ehebruch und seiner Entdeckung lässt Fontane sieben Jahre verstreichen. Dadurch wirkt Innstettens mit dem gesellschaftlichen Erwartungsdruck rein rational begründete Entscheidung für das Duell noch überflüssiger. Die Sinnlosigkeit der entleerten Konvention tritt so noch deutlicher hervor. Während in der Realität die geschiedene Frau noch ein langes und gesellschaftlich erfülltes Leben führte, geht Fontanes Effi an den Folgen des Ehebruchs psychisch zugrunde und stirbt sehr früh. Dadurch werden wiederum die Konventionen, an denen Effi letztlich zerbricht, stärker in den Mittelpunkt gerückt. Sie erscheinen in Fontanes Roman als Auslöser der Affäre und als Ursache für Effis Tod.

Duellpraxis im 19. Jahrhundert

Institutionalisierung des Duells

Duellanten, die aus oberen Gesellschaftsklassen („satisfaktionsfähigen Kreisen") kamen, meist Studenten, Offiziere und Akademiker, legten großen Wert darauf, ihre Art der gewaltsamen Konfliktbewältigung, die nach ungeschriebenen, aber ritualisierten und allen Teilnehmern bekannten

Regeln durchgeführt werden musste, von bloßen brutalen Raufereien abzugrenzen und ihr dadurch eine höhere Moralität beizumessen. Das Duell wurde als ehrenhafter, auf Gleichheit und Fairness bedachter zeremonieller Akt institutionalisiert, bei dem persönliche Erregtheit und Verletztheit nicht gezeigt werden durften. Nicht Rachegelüste sollten im Duell im Vordergrund stehen, sondern der Wunsch, den eigenen Mut zu beweisen und die persönliche Ehre intakt zu halten.

Aufgabe der Sekundanten war es, die Modalitäten des Zweikampfes auszuhandeln, über das höflich-distanzierte, möglichst emotionslose Benehmen der Duellanten auf dem Duellplatz zu wachen. Der Teilnehmer, der zum Duell forderte, durfte die Waffe wählen, wobei Säbelforderungen den Ruf bekamen, weniger ernsthaft zu sein, sodass sich meist die Pistole als gebräuchliche Waffe durchsetzte. Der zum Duell Geforderte durfte nicht ablehnen, wenn er sich nicht des Verdachtes der Feigheit aussetzen wollte. *Duellregeln*

Viele Duelle endeten ohne die Tötung eines der Teilnehmer. Denn die Treffgenauigkeit damaliger Duellwaffen ließ sehr zu wünschen übrig und die Sekundanten achteten zudem *Ausgang von Duellen*

Pistolenduell in zeitgenössischer Darstellung, Holzstich von Carl Leopold Tetzel (um 1860)

darauf, dass keine Pistolen mit Zielvorrichtung, sondern solche mit glatten Läufen verwendet wurden. Damit bot das Pistolenduell die Möglichkeit, zwar der Form Genüge zu tun, aber unauffällig daneben zu schießen, ohne dass man aber sicher sein durfte, ob der Gegner sich ebenso verhielt.

Sanktionierung des Duells — Seit 1851 wurde gemäß des preußischen Strafgesetzbuchs (1871 auch vom Reichsgesetzbuch übernommen) die Herausforderung, Überbringung und Annahme eines Duells mit einer Haftstrafe bis zu sechs Monaten sanktioniert. Die Teilnahme am Duell wurde mit bis zu fünf Jahren bestraft, bei tödlichem Ausgang sogar mit bis zu 12 Jahren. Allerdings fielen die tatsächlichen Strafen fast immer sehr milde aus, häufig wurden die Inhaftierten früh begnadigt.[1]

Leitmotivik

Realismusbegriff Fontanes — Unter Realismus versteht Theodor Fontane nicht die Wiedergabe des alltäglichen Lebens. Nach seiner Kunstauffassung ist das Leben für den Künstler lediglich wie ein Marmorsteinbruch, der den Stoff liefert, aber selbst noch kein Kunstwerk darstellt.[2] Es geht Fontane also nicht um bloße Reproduktion des Vorgefundenen. Vielmehr legt er Wert darauf, den Rohstoff erst noch künstlerisch umzugestalten und zu verarbeiten.

Netz aus Leitmotiven — Ein Mittel, um die Geschichte der Effi Briest aus der historischen Wirklichkeit, in der er sie gefunden hat, herauszulösen und ihr den geforderten Kunstcharakter zu verleihen, besteht darin, das Geschehen mit einem dichten Netz an Leitmotiven zu durchziehen, was ein wesentliches Struktur-

---

[1] Vgl. Frevert, Ute: Ehrenmänner. Das Duell in der bürgerlichen Gesellschaft. München (C. H. Beck) 1991, S. 191–213

[2] Vgl. Fontane, Theodor: Unsere lyrische und epische Poesie seit 1848. In: Ders.: Sämtliche Werke. Aufsätze, Kritiken, Erinnerungen. Band 1. München (Hanser Verlag) 1969, S. 240–242

prinzip des Romantextes ist. Diese Leitmotive symbolisieren häufig bestimmte Wesensmerkmale oder emotionale Zustände der Personen oder kommentieren das Geschehen. Auch haben sie vielfach die Funktion, indirekte und manchmal recht versteckte Hinweise auf spätere Ereignisse im Roman zu geben, sodass sich dem Leser fast der Eindruck aufdrängen muss, der Ehebruch und das tragische Ende erfolgten schicksalhaft und zwangsläufig.

„Das erste Kapitel ist immer die Hauptsache und im ersten Kapitel die erste Seite, beinahe die erste Zeile [...] Bei richtigem Aufbau muss in der ersten Seite der Keim des Ganzen stecken."[1] (Brief an Karpeles vom 18.8.1880)

Die schon im ersten Satz des Romans erwähnte Tradition der Briests wird auch später mehrfach von den Romanfiguren aufgegriffen: Herr von Briest rühmt seine historische Familie (vgl. S. 29, Z. 30 f.). Effi erkundigt sich bei Innstetten nach „Leute[n] von Familie" (vgl. S. 64, Z. 36) in Kessin, verweist kurz danach auf ihre Abstammung (vgl. S. 73, Z. 32 – S. 74, Z. 1), bringt ihren Stolz auf ihr Familienwappen und ihre Vorfahren zum Ausdruck (vgl. S. 93, Z. 6) und zeigt sich enttäuscht über die Traditionslosigkeit Kessins (vgl. S. 102, Z. 20 f.). Auch das Waterloodenkmal, das Briests Großvater errichten ließ (vgl. S. 137, Z. 16 ff.), und die Enttäuschung Briests über den ausbleibenden Stammhalter (vgl. S. 255, Z. 9 f.) müssen hier genannt werden.

Familientradition der Briests

Häufig werden die Pflanzen auf Hohen-Cremmen erwähnt:

Pflanzen

- die Platanen (vgl. S. 18, Z. 12), deren „Rieseln" im Wind Effi kurz vor ihrem Tod hört (vgl. S. 336, Z. 5 f.),
- die Rhabarberstauden, deren Blätter Effi größer erscheinen als Feigenblätter (vgl. S. 18, Z. 17 f. und S. 249, Z. 20),

---

[1] Fontane, Theodor: Der Dichter über sein Werk. Bd. II, hrsg. von Richard Brinkmann in Zusammenarbeit mit Waltraud Wiethölter. München (dtv) 1977

- wilder Wein, der die Fenster überwächst (vgl. S. 20, Z. 13 f. und S. 315, Z. 23), an dem sich Effis Vater erfreut (vgl. S. 23, Z. 13 ff.) und den Innstetten gedankenverloren anblickt (vgl. S. 23, Z. 20 ff.),
- der Efeu, den Briest mit seiner Tochter vergleicht, da sie sich wie dieser um ihren Gatten ranken soll (vgl. S. 21, Z. 22 f.), und der im Übrigen auch die Fenster der Berliner Christuskirche überwächst (vgl. S. 310, Z. 19 f. und S. 312, Z. 12),
- der Heliotrop (vgl. S. 33, Z. 13, S. 249, Z. 17 und S. 322, Z. 27), welcher am Schluss Effis Grab umrahmt (vgl. S. 336, Z. 25 f.).

Der Efeu (Ähnlichkeit zum Vornamen der Romanheldin!) und der wilde (!) Wein korrespondieren mit Eigenschaften der ungestümen Effi, die eine Anpassung an Konventionen ablehnt, wie ihre Affäre mit Crampas zeigt. Der Heliotrop richtet stets seine Blätter nach der Sonne aus, hier liegt eine Parallele zu Effis „sonnigem Gemüt" vor. Die hohen Platanen unterstreichen die Geborgenheit des Elternhauses, in dem Effi aufwuchs und die letzten Monate ihres Lebens verbringt.

Rondell mit Sonnenuhr

Das Rondell mit der Sonnenuhr vor dem Herrenhaus der Briests ist ein Leitmotiv, das vom ersten Satz an den gesamten Romantext durchzieht und häufig an besonders wichtigen Stellen vorkommt. Am Ende des Romans erfährt der Leser zum Beispiel, dass an der Stelle, an der sich die Sonnenuhr befunden hat, nun Effis Grabplatte liegt (vgl. S. 336, Z. 13–16).

Schatten und Dunkelheit

Verbunden wird dieses Motiv häufig mit dem Motiv des Schattens, der auf das Rondell geworfen wird (nicht nur bei Sonnenschein, auch bei Mondlicht). Häufig kommt das Motiv der Dunkelheit in Verbindung mit dem Motiv des Lichts vor. Frau von Briest betont, dass neben dem Licht auch das Dunkle zum Leben gehöre (vgl. S. 34, Z. 34 f.), Effis Zimmer in Kessin wirkt besonders wegen seiner Dunkelheit bedrohlich (vgl. S. 87, Z. 33), das Gasthaus auf Rü-

Leitmotivik

gen, das die Innstettens während eines Urlaubs aufsuchen, ist von hohen Buchen überschattet (vgl. S. 240, Z. 4 f.), Effi blickt auf die Schatten eines Weges, als sie von Innstettens Trennungsabsichten erfährt (vgl. S. 290, Z. 28), am Ende ihres Lebens spielt sie Nocturnes[1] von Chopin, die aber nur wenig Licht in ihr Leben bringen (vgl. S. 302, Z. 36 – S. 303, Z. 1). Sonne und Schatten, Licht und Dunkelheit verweisen symbolisch auf Effis unbeschwertes Wesen und ihr unglücklich verlaufendes Leben.

Immer wieder hält sich Effi auf Kirchhöfen oder in deren   Kirchhöfe
Nähe auf oder blickt auf sie. Sie läuft beim Spielen daran vorbei (vgl. S. 18, Z. 26), fährt mit Innstetten am Kessiner Kirchhof vorbei (vgl. S. 96, Z. 13), neben dem das Chinesengrab liegt (vgl. S. 96, Z. 20 f., S. 110, Z. 11 und S. 116, Z. 9) und in dessen Nähe das Duell stattfindet (vgl. S. 273, Z. 26), trifft Roswitha auf dem Dünenkirchhof (vgl. S. 127, Z. 17) und spaziert in dessen Nähe mit Crampas (vgl. S. 154, Z. 12). Auch in Berlin blickt sie gerne auf Kirchhöfe (vgl. S. 296, Z. 22), Roswitha ergreift auf dem Kirchhof eine Todessehnsucht (vgl. S. 302, Z. 2 und Z. 10). Das Leitmotiv kann als symbolischer Vorgriff auf Effis frühen Tod gesehen werden.

Eine große Rolle kommt dem Motiv des Wassers zu. Effi   Wasser
wird schon früh mit einem Schiffsjungen verglichen (vgl. S. 17, Z. 5). Der Teich in Hohen-Cremmen, an dem sie häufig spielt, wird immer wieder erwähnt (vgl. S. 18, Z. 23, S. 32, Z. 26, S. 137, Z. 7 und S. 315, Z. 25). Kessin ist ein Seebad, wobei die breite Wasserfläche der Kessine herausgestellt wird (vgl. S. 55, Z. 7 und S. 69, Z. 17). Der alte Briest lobt Hunde als Retter von Menschen, die auf dem Wasser oder auf brüchigem Eis verunglücken (vgl. S. 138, Z. 18 – 23). Crampas' Männlichkeit wird durch sein Bad im

---

[1] Nocturne: Nachtmusik; in der Klaviermusik des 19. Jahrhunderts ein einsätziges Klavierstück träumerischen Charakters

kalten Meerwasser besonders hervorgehoben (vgl. S. 142, Z. 1–3). Nach Effis endgültigem Abschied von Crampas hängen graue Wolken über dem Wasser (vgl. S. 218, Z. 22).

Züge und Bahndämme

Züge und Bahndämme sind ein weiteres Leitmotiv des Romans. Zunächst erscheinen Züge dabei als Verkehrsmittel, das von Effi selbst benutzt wird. Effi und ihre Mutter kehren nach ihrem Aufenthalt in Berlin, wo sie Hochzeitseinkäufe tätigten, im Frühzug nach Hohen-Cremmen zurück (vgl. S. 27, Z. 30f.), Effi und Innstetten reisen nach der Hochzeitsreise mit dem Zug nach Kessin (vgl. S. 49, Z. 9f.) und Effi fährt einige Jahre später mit dem Zug nach Berlin, um eine Wohnung zu suchen (vgl. S. 219, Z. 7). Später tauchen Züge lediglich als an Effi vorbeifahrende Verkehrsmittel auf, von denen sie fasziniert ist (vgl. S. 296, Z. 17–19 und S. 332, Z. 11) und die in ihr eine unbestimmte Sehnsucht auslösen. Teilweise vernimmt sie nur von fern ihr Rasseln (vgl. S. 251, Z. 18–20). Vor allem die nicht von Effi genutzten Züge stehen für die Unzufriedenheit mit ihrem Dasein, für ihren Wunsch, ein anderes Leben zu führen.

Schaukeln und Fliegen

Das früh eingeführte Schaukelmotiv (vgl. S. 7, Z. 22 und S. 9, Z. 10) durchzieht, verbunden mit dem Motiv des Fliegens, den gesamten Romantext. Effi will Hulda in der Luft einen Kuss geben (vgl. S. 17, Z. 10–12). Sie empfindet ein himmlisches Gefühl, im Schlitten dahinzufliegen (vgl. S. 97, Z. 36f.), und liebt die Gefahr beim Schaukeln (vgl. S. 38, Z. 29–31 und S. 136, Z. 22–27). Als Crampas auftaucht und ihr kurz danach die Hand küsst, sitzt sie im Schaukelstuhl, aus dem sie gar nicht mehr aufstehen möchte (vgl. S. 140, Z. 11–16 und S. 142, Z. 9f.). An diese Szene erinnert sie sich später sehr genau (vgl. S. 249, Z. 30f.). Kurz bevor Crampas sie leidenschaftlich küsst, wünscht sie sich, aus dem Schlitten in die Brandung zu fliegen (vgl. S. 181, Z. 20f.). Sie sitzt wieder im Schaukelstuhl, als Dr. Rummschüttel sie besucht (vgl. S. 230, Z. 4), auch als sie durch den Brief der Mutter von Innstettens Fund der Briefe und der Scheidung erfährt (vgl. S. 290, Z. 6). Kurz vor ihrem Tod setzt sie sich wieder auf ihre Schaukel (vgl. S. 320, Z. 17–24) und hat das Gefühl, in den Himmel zu fliegen (vgl. S. 320, Z. 34). Das Motiv verweist einerseits auf Effis kindliche Natur, andererseits aber auch auf ihre Lust, den Boden unter den Füßen zu verlieren, auf ihren Hang zu gefahrvollen Situationen und dem damit verbundenen Prickeln, somit auch auf die Gefahr des Absturzes und ihre Bereitschaft, sich auf eine außereheliche Beziehung einzulassen.

Bei ihrer Ankunft in Kessin erfährt Effi, dass dort ein Chinese lebte (vgl. S. 52, Z. 7f.). Dies ist die erste von vielen Textstellen, die das Chinesenmotiv variieren. Auf der Lehne eines Korbstuhls im Kessiner Haus klebt das Bildchen eines Chinesen (vgl. S. 70, Z. 6f.), das Johanna später sogar mit nach Berlin nimmt (vgl. S. 237, Z. 24–26). Der Chinese und das Bildchen flößen Effi Angst ein (vgl. S. 52, Z. 33f., S. 88, Z. 2–14 und S. 91, Z. 20). Das Grab des Chinesen liegt außerhalb des Kirchhofs (vgl. S. 52, Z. 13). Beeinflusst von Crampas, erkennt Effi in dem Chinesen eine erzieherische Maßnahme ihres Mannes (vgl. S. 154, Z. 11–14), fühlt sich aber während der Affäre vom Chinesen beobachtet (vgl. S. 195, Z. 12–15). Erst in Berlin kann sie unbefangen über den Chinesen reden (vgl. S. 256, Z. 25f.), den Innstetten schließlich als „dummes Zeug" (S. 275, Z. 30) abtut. Zum Schluss, nach der Trennung von Mann und Tochter, erinnert der Chinese Effi sogar an glücklichere Zeiten (vgl. S. 299, Z. 22–24). Das Motiv steht zunächst für Effis Gefühl des Fremdseins und ihre Angst in Kessin, verbunden mit Innstettens erzieherischer Absicht, nimmt dann Effis Affäre vorweg und symbolisiert später Effis Schuldgefühle und die Unmöglichkeit, das Vergangene hinter sich zu lassen, schließlich verdeutlicht es ihre Sehnsucht nach vergangenen Zeiten.

Der Chinese

Behütete Kindheit

Angst

Unbeschwertes Wesen

Erzählhaltung

Auktorialer, aber zurückhaltender Erzähler

Schon im ersten Satz des Romans erkennt man, dass ein auktorialer Erzähler den zeitlichen und räumlichen Überblick über das 200 Jahre alte Anwesen der Briests hat. Er führt den Leser, mit einer breit angelegten Beschreibung beginnend, langsam an das Geschehen heran. Die weitere Handlung wird weitgehend von einem auktorialen, aber gegenüber den Personen meist distanziert und indifferent bleibenden, sich mit Kommentaren und direkten Vorausblicken zurückhaltenden Erzähler vermittelt. Er nimmt die seelische Verfassung der Figuren seiner epischen Welt wahr, kennt ihre Gedanken und Absichten, überblickt das gesamte Geschehen, das er manchmal stark raffend zusammenfasst, und zieht eine Art Resümee aus dem vorangegangenen Erzählten.

Anspielungen statt Vorausblicke

Auf direkte Vorausblicke, die ihm aufgrund seines Überblicks über das Geschehen möglich wären, verzichtet der Erzähler, doch verpackt er immer wieder Anspielungen auf zukünftiges Geschehen in die Dialoge oder Briefe der Personen. So etwa fällt das Wort „Untreue" erstmals, als Effi und ihre Freundinnen scherzhaft einen Trauerzug zum See des Briestschen Anwesens unternehmen (vgl. S. 16, Z. 11). Crampas wird von Effi in ihrem Brief an die Mutter als „Trost- und Rettungsbringer" (S. 120, Z. 33 f.) und „Mann vieler Verhältnisse" (S. 121, Z. 17) angekündigt und Crampas erwähnt viele Jahre vor dem Duell scherzhaft, er wolle nicht vor Innstettens Pistolenlauf kommen (vgl. S. 143, Z. 29 f.). Diese Liste für indirekte Vorwegnahmen ließe sich noch beliebig erweitern, wobei das Geflecht an Leitmotiven eine wichtige Rolle spielt (vgl. „Leitmotivik", S. 68 ff.).

Weitgehende Objektivität

Der Erzähler hält sich jedoch mit Wertungen des Verhaltens der Personen sehr zurück, bleibt weitgehend objektiv. Eine von wenigen Ausnahmen liegt vor, als er von Effi, die mit ihrer Mutter in Berlin die Aussteuer besorgt, meint: „[…]

wenn es aber ausnahmsweise mal wirklich etwas zu besitzen galt, so musste dies immer was ganz Apartes sein. Und darin war sie anspruchsvoll." (S. 27, Z. 1–3) Und über Crampas urteilt er: „Einem Freunde helfen und fünf Minuten später ihn betrügen, waren Dinge, die sich mit seinem Ehrbegriffe sehr wohl vertrugen. Er tat das eine und das andere mit unglaublicher Bonhomie." (S. 156, Z. 7–11) Als Effi kurz vor ihrem Tod wieder erkrankt, ergreift er – sie sogar direkt anredend – ausdrücklich Partei für sie: „Arme Effi, du hattest zu den Himmelswundern zu lange hinaufgesehen und darüber nachgedacht, und das Ende war, dass die Nachtluft und die Nebel [...] sie wieder aufs Krankenbett warfen" (S. 333, Z. 18–21). Dies alles sind aber Ausnahmen, denn sonst bleibt der Erzähler sehr distanziert im Hintergrund und enthält sich jeden Mitgefühls und jeden Kommentars für seine Figuren. Das Verhalten der Personen, wie Effis Ehebruch oder Innstettens Beharren auf dem Duell, werden von ihm weder verurteilt noch gerechtfertigt. Selbst die Figuren beurteilen ihr eigenes Verhalten im Laufe des Romans unterschiedlich. Das wird zum Beispiel deutlich, wenn Effi nach dem Wiedersehen mit ihrer Tochter Innstetten heftig verurteilt, ihn aber am Ende ihres Lebens von jeder Schuld freispricht.

Recht häufig tritt der Erzähler dagegen beim Überspringen von für unwesentlich gehaltenen Zeiträumen in Erscheinung, wobei er meist nur in der Art eines Chronisten knapp die jeweilige Zeitspanne nennt.

Chronist

Mit der Wiedergabe innerer Vorgänge geht der Erzähler sehr sparsam um. Er beschränkt sich dabei fast ausschließlich auf Effi, deren Gedanken dann meist in erlebter Rede (z. B. während des ersten einsamen Abends in Kessin), seltener im inneren Monolog (z. B. als ihr bewusst wird, dass sie ihrer Aufgabe als Gattin eines Landrates nicht gerecht werden kann; als sie rückblickend über ihre Beziehung zu Crampas, ihre Schuldgefühle, ihre Scham und ihre Angst nachdenkt) wiedergegeben werden.

Weitgehende Aussparung der inneren Handlung

Von Innstettens Gedanken und Gefühlen erfahren wir nur an wenigen Stellen des Romans etwas, zum ersten Mal, als er über Effis Reaktion auf den Umzug nach Berlin nachdenkt: „Und er fühlte seinen leisen Argwohn sich wieder regen und fester einnisten. Aber er hatte lange genug gelebt, um zu wissen, dass alle Zeichen trügen und dass wir in unserer Eifersucht, trotz ihrer hundert Augen, oft noch mehr in die Irre gehen als in der Blindheit unsres Vertrauens. Es konnte ja so sein, wie sie sagte." (S. 209, Z. 37 – S. 210, Z. 5) Innstettens Gedanken, als er auf dem Weg zum Duellplatz an der früheren Kessiner Wohnung vorbeikommt (vgl. S. 275, Z. 17 – 23), seine Überlegungen und Gewissensbisse nach dem Duell (vgl. S. 277, Z. 23 – S. 278, Z. 30) und die Erkenntnis bei seiner Beförderung, dass er trotz des beruflichen Erfolgs sein Lebensglück verloren hat (vgl. S. 324, Z. 32 – S. 325, Z. 25), sind ein weiteres Beispiel für die Innensicht bei dieser Person.

Vorherrschen des Dialogs

Der distanziert beobachtende Erzähler lässt hauptsächlich die Figuren zu Wort kommen. Rund 80 % des Romantextes bestehen aus Gesprächen, welche wichtige Handlungsschritte im Roman ankündigen, begleiten oder im Nachhinein verarbeiten und mit denen der Erzähler die Figuren direkt (also durch das, was sie sagen) oder indirekt (also durch das, was andere über sie sagen) charakterisiert bzw. einer Vielfalt an verschiedenen Perspektiven Raum gibt, ohne selbst Stellung zu beziehen. Der Erzähler lässt seine Figuren, wie etwa beim Gespräch zwischen Crampas und Innstetten über die Robbenjagd (vgl. S. 148, Z. 19 – S. 149, Z. 7), ihre unterschiedlichen Standpunkte äußern und bietet auf diese Weise zwei Sichtweisen, die sich gegenseitig relativieren. Es bleibt dem Leser überlassen, die konträren Ansichten zu vergleichen und zwischen den unterschiedlichen Positionen der Figuren einen eigenen Standpunkt zu finden oder Rückschlüsse auf das Verhalten der Personen zu ziehen.

Nicht nur in den vielen Gesprächen, sondern auch in einer nicht zu übersehenden Zahl von Briefen und Postkarten tritt der Erzähler völlig zurück, um das Feld einer authentischen Selbstmitteilung der Figuren zu überlassen und um deren seelische Vorgänge detailliert und nuanciert zu spiegeln. So teilt Effi zum Beispiel auf einer Postkarte von der Hochzeitsreise ihre momentane Befindlichkeit, die von Langeweile geprägt ist, mit. Auch kann sie mitunter in Briefen das äußern, was im Gespräch nicht möglich ist, wie etwa ihre Kritik am Kessiner Landadel, ihre Angst vor dem Chinesenspuk oder die Neuigkeit ihrer Schwangerschaft in Briefen an ihre Mutter oder auch den Abschied von Crampas in ihrem letzten Brief an ihren Liebhaber.

Briefe und Karten

Roman des poetischen Realismus

Die Voraussetzungen für die Herausbildung der literarischen Epoche des (bürgerlichen oder poetischen) Realismus im vorher noch stark vom Idealismus der Klassik und Romantik geprägten Deutschland sind gesellschaftlicher, historischer und philosophischer Natur: Die Umwälzungen in Naturwissenschaft und Technik führten zur zunehmenden Erklärbarkeit des Menschen und seiner Umwelt. Der Darwinismus erkannte die festen Gesetze, denen die Entwicklung der Arten unterworfen ist. Gott wurde als bloßes Wunschbild des Menschen geleugnet (vgl. z. B. Ludwig Feuerbach[1]). Die Revolution von 1848 scheiterte, 1871 wurde das Deutsche Reich gegründet, ein wirtschaftlich erstarktes Bürgertum erwachte zu neuem Selbstbewusstsein und verlangte nach der Darstellung seiner Welt. Im Gegensatz zu den Dichtern der Klassik, welche die Welt in idealer Überhöhung zeichne-

Umwälzungen in der 2. Hälfte des 19. Jahrhunderts

---

[1] Ludwig Feuerbach (1804–1872): deutscher Philosoph und Religionskritiker

ten, und der Romantik, für welche die Natur ein nur über-
sinnlich erfassbares Refugium war, wandten sich die Autoren des Realismus dem alltäglichen Leben des Bürgertums
zu und stellten ihre eigene, sinnlich wahrnehmbare Gegenwart, also die gesellschaftlichen Verhältnisse in der zweiten
Hälfte des 19. Jahrhunderts, in den Mittelpunkt ihrer Werke.
Seelische und historische Vorgänge, individuelle und gesellschaftliche Zusammenhänge galt es möglichst exakt und
objektiv darzustellen. Obwohl die Dichter dieser Epoche
den Menschen nicht mehr wie in der Klassik als ein auto-
nomes, ethisch verantwortliches, mit Würde und Freiheit
ausgestattetes Wesen sahen, sondern als ein sozialen Mechanismen unterworfenes, funktionierendes Wesen, wurde
im Gegensatz zum Jungen Deutschland und zur nachfol-
genden Epoche des Naturalismus keine Kritik an den poli-
tischen und sozialen Verhältnissen geübt.

Theodor Fontane erweist sich insbesondere mit seinen Ge-
sellschaftsromanen als einer der wichtigsten Vertreter dieser
Epoche. Im Roman „Effi Briest" greift er reale Vorgänge seiner unmittelbaren Gegenwart auf, welche er aber vor allem
durch ein Netz aus Andeutungen und symbolischen Mo-
tiven künstlerisch gestaltet. Außerdem legt er den Schwer-
punkt auf das alltägliche Leben in bürgerlich-adeligem Umfeld. Die Personen, welche den gesellschaftlichen Verhältnissen unterworfen sind und nur begrenzte Entscheidungsfreiheit besitzen, sind psychologisch sehr feinfühlig
charakterisiert. Die Handlungsorte werden detailliert beschrieben und erhalten symbolische Bedeutung für das Leben der Personen. Der auktoriale Erzähler bewahrt größten-
teils Objektivität, indem er auf Kommentierung der Handlung weitgehend verzichtet. Es überwiegen die Gespräche,
sodass dort jede Person ihren eigenen Standpunkt äußern
kann.

*Fontane als
realistischer
Erzähler*

Handlungsorte

Theodor Fontanes Roman „Effi Briest" spielt vornehmlich auf dem brandenburgischen Landsitz der Briests in Hohen-Cremmen, in der pommerschen Kleinstadt Kessin und deren Umgebung (Schloon, Dünenlandschaft am Strand) sowie in Berlin, dort zunächst in der Keithstraße, dann in der Königgrätzer Straße.

Räume als Spiegelung von Effis Seelenzustand

Kennzeichnend für den Roman ist, dass die Orte jeweils Effis seelische Lage widerspiegeln.

Der durch Licht und Luft gekennzeichnete, großzügige Landsitz der Briests, der zu Beginn des Romans sehr detailliert beschrieben wird, steht für Effis offenes und natürliches Wesen sowie für ihre unbeschwerte Kindheit ohne gesellschaftliche Zwänge. Die hufeisenförmige, nach außen hin geschützte, idyllische Anlage des Anwesens symbolisiert die Geborgenheit, in der Effi aufgewachsen ist.

Hohen-Cremmen

Das dazu im Gegensatz stehende düstere, beengte und unheimliche Haus in Kessin mit seinem kärglichen Mobiliar wird zum Handlungsraum für Effis monotones und von Spukängsten geplagtes Eheleben gewählt. Die baufällige, dunkle Treppe und die schiefe Doppeltür verweisen auf die Brüchigkeit der Beziehung der Innstettens. Im Flur hängen ein Schiff, ein ausgestopfter Hai und ein Krokodil. Der Garten des Hauses ist nicht benutzbar, die Veranda ist für jeden einsehbar, was die Schutzlosigkeit, mit der Effi der Kessiner Gesellschaft ausgeliefert wird, verdeutlicht.

Haus in Kessin

Ganz offensichtlich erscheint die Symbolik der Landschaft in der Beschreibung des Schloons, einer sandigen Brachlandschaft in den Dünen, in den im Winter der Wind das Meerwasser in ein unterirdisches und geheimnisvolles Rinnsal hineindrückt, wodurch sich die Landschaft in einen gefährlichen Morast mit Sogwirkung verwandelt. Zunächst ist der Schloon nur eine Naturerscheinung, welche die Fahrt der Schlittengesellschaft behindert. Dann wird er

Schloon

zum Spiegelbild für Effis seit langem unterhöhlte Ehe, für ihre verworrene Gefühlslage, ihr hilfloses Hinübergleiten zu Crampas, ihr Versinken in die Schuld und ihre Abkehr von den gesellschaftlichen Konventionen.

Die Dünenlandschaft ist der Ort, an dem sich Effi und Crampas regelmäßig treffen und an dem es zum eigentlichen, allerdings im Roman vom Erzähler weitgehend ausgesparten Ehebruch kommt. Sie wird dann auch zur Kulisse für das Duell, bei dem Crampas die tödlichen Schüsse treffen.

Neubauwohnung in der Keithstraße

Der Neubeginn der Ehe wird symbolisiert durch die luftige und helle Neubauwohnung in der Keithstraße in Berlin, deren Balkontür meist offen steht und deren Freisitz im Gegensatz zum Kessiner Haus von der Straße abgekehrt zum Park hin liegt.

Wohnung in der Königgrätzer Straße

Als Innstetten Effi verstößt, muss sie in eine enge, kleine, in der Königgrätzer Straße gelegene Mietwohnung im dritten Stock umziehen, die weder einen Garten noch einen Balkon hat und aus deren geschlossen gehaltenen Fenstern man auf die Christuskirche, den Matthäikirchhof und Bahndämme mit beständig vorüberfahrenden Zügen sieht. All dies verweist auf Effis Isolation, die Lebensferne ihres Daseins, ihre Sehnsucht nach einem anderen Leben und ihren bevorstehenden, viel zu frühen Tod.

Handlungsorte und ihre Bedeutung

Ort	Merkmale	symbolische Bedeutung
Hohen-Cremmen	luftig und hell großräumig hufeisenförmig	keine gesellschaftlichen Zwänge Geborgenheit
Kessin	düster und eng unheimlich schiefe Treppe einsehbare Veranda	Langeweile in der Ehe Angst vor Spuk Brüchigkeit der Ehe Schutzlosigkeit in Kessiner Gesellschaft

Ort	Merkmale	symbolische Bedeutung
Schloon	unterirdisch weit verzweigtes Rinnsal Sogwirkung	unterhöhlte Ehe verworrene Gefühls- lage Hilflosigkeit gegen- über Crampas' Ver- führung
Berlin Keithstraße	luftig und hell offene Balkontür Freisitz zum Park	Neubeginn der Ehe
Berlin Königgrätzer Straße	eng und klein ohne Garten und Balkon Blick auf Bahn- dämme und Kirchhof	Ausgeschlossenheit von der Gesellschaft Sehnsucht naher Tod

Ein Gesellschaftsroman

„Effi Briest" ist ein Zeitroman über die preußische Gesellschaft der 1880er-Jahre, dem letzten Jahrzehnt der Kanzlerschaft Bismarcks, in der das Reich zur imperialistischen
Großmacht aufstieg.

Letztes Jahrzehnt von Bismarcks Kanzlerschaft

Fontanes Roman „Effi Briest" spielt zwischen 1870 und
1889, in der Zeit des 1871 gegründeten zweiten deutschen Kaiserreiches, die von Kaiser Wilhelm I. und dem
Reichskanzler Otto von Bismarck beherrscht wurde.

Der Roman zeichnet somit auch ein Bild der preußischen
Gesellschaft im ausgehenden 19. Jahrhundert, angefangen
vom aufgeklärten gebildeten Großbürgertum (Wüllersdorf,
Dr. Rummschüttel, Gieshübler) über die neue, gesellschaftlich aufstrebende und einflussreiche höhere adelige Beam-
tenschicht, zu der vornehmlich Innstetten und Wüllersdorf
zu zählen sind und die ihre Stellung nicht mehr vom ural-

Bild der preußischen Gesellschaft

ten Grundbesitz, sondern aus ihrem militärischen Rang ableiten, dem reaktionären und bigotten pommerschen Adel bis hin zum begüterten alten brandenburgischen Adel, dessen wichtigster Vertreter im Roman der Ritterschaftsrat von Briest ist. Sogar die Spitzen des Staates, Kaiser Wilhelm I. und Bismarck, werden im Roman mehrfach erwähnt. Dabei nimmt der Reichskanzler, welcher viel von Innstetten hält und mit ihm immer wieder wichtige Unterredungen führt, eine so bedeutende Rolle in Innstettens Leben ein, dass er seine Frau vernachlässigt, was wiederum mit ein Auslöser des Ehebruchs und aller sich daraus ergebenden negativen Konsequenzen wird. Während der Kessiner Adel eher der Lächerlichkeit preisgegeben wird, wird am Beamtenadel vor allem der Anpassungsdruck, der als Bedingung für eine Karriere gilt, ernsthaft kritisiert.

Bedeutung des Militärs

Fontanes Roman „Effi Briest" spielt in einer Gesellschaft, in der fast alle männlichen Figuren des Romans beim Militär gedient haben oder dienen: von Briest war früher Adjudant, Innstetten hat als Offizier im Krieg 1870/71 gedient, Dagobert von Briest ist Offizier, Major von Crampas ist Landwehrkommandant, Oberförster Ring hat sich bei der Erstürmung Dänemarks ausgezeichnet. Auch Zivilisten legen Wert auf militärische Traditionen, sodass die Siege Preußens offiziell gefeiert werden. Die Personen, wie liebenswürdig sie teilweise auch von Fontane dargestellt werden (der alte Briest, Gieshübler), sind Vertreter einer vergehenden Zeit.

Die Gesellschaft im Roman

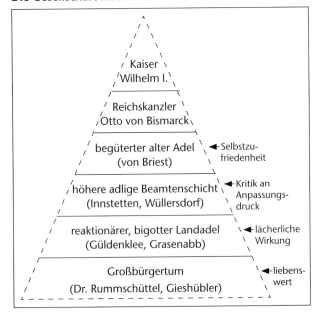

Ständischem Denken kommt in Fontanes Roman eine große Bedeutung zu. Dies wird schon im ersten Satz bei der detaillierten Beschreibung des Herrenhauses der Familie Briest, das schon seit Zeiten des brandenburgischen Kurfürsten Georg Wilhelm im Besitz der Familie ist (vgl. S. 7, Z. 1 f.), deutlich. Der Stolz der Briests auf diese Familientradition wird immer wieder in Dialogen des Romans ausgedrückt, so auch in einem Gespräch zwischen Effi und ihrem Mann kurz nach dem Umzug nach Kessin. Auf Effis Frage, ob es Leute von Familie in der Stadt gebe, nennt Innstetten zunächst nur ein paar Adelige, die in der Nähe wohnen. Erst auf Nachfrage Effis erwähnt er die sogenannten „Honoratioren" (S. 65, Z. 8), womit er einen Prediger, einen Amtsrichter, einen Rektor, einen Lotsenkommandeur und weitere Beamte meint, und schließlich die bürgerlichen Kaufleute, die er „bloß

Ständisches Denken

Konsuln" (S. 65, Z. 15) nennt. An diesem Beispiel eines kleinen Küstenstädtchens lässt sich eine preußische Gesellschaftspyramide im Kleinen ableiten (s. S. 83).

Starrheit des Denkens

Wie erstarrt das System war, wie leer und verkrustet der Umgang mit Pflicht, Ehre, Konvention und Moral in dieser preußischen Gesellschaft war, wird am Beispiel von Effi Briest und ihrem Mann vor Augen geführt. Innstetten verlangt von seiner Frau gesellschaftliche Anpassung und Förderung seiner Karriere. Schon früh zeigt sich, dass die preußische Tugend der Pflichterfüllung für Innstetten Vorrang vor seiner Ehe hat. Er möchte nicht umziehen, um nicht lächerlich zu wirken, obwohl seine Frau unter Spukängsten leidet, und sein Tagesablauf ist in erster Linie von seiner Arbeit geprägt, die er erfüllen muss, sodass sich Effi mit wenigen oberflächlichen Zärtlichkeiten zufriedengeben muss. Effis Verstoß gegen die Normen wird mit Scheidung, Entzug der Tochter und gesellschaftlicher Verbannung bestraft. Innstetten ist sich der Überkommenheit des Ehrenkodexes seiner Zeit bewusst, fügt sich diesem aber dennoch fast widerstandslos und fordert nicht aus Eifersucht, Rache oder Wut, sondern aus reinem Pflichtbewusstsein das Duell mit Crampas. Obwohl das Duell offiziell seit 1873 verboten war, verlangte der preußische Ehrbegriff damals von einem betrogenen Mann, den Rivalen zum Duell zu fordern. Innstettens inhaltsleerer Pflichtbegriff ist demnach nicht im Sinne Kants oder Schillers als Selbstüberwindung im Dienste der sittlichen Verpflichtung zu sehen, sondern als Angst vor der Verachtung der Öffentlichkeit, als Anpassung an Tradition, Gewohnheit und die Erwartungen der Gesellschaft. Wüllersdorf bezeichnet diese Einstellung zu Recht als „Götzendienst" (S. 271, Z. 29). Innstetten selbst, der nach dem Duell die Sinnlosigkeit seiner Einstellung einsieht und bedauert, dass er dem Ehrenkultus seine Frau und seine Familie, ja sogar sein gesamtes Lebensglück geopfert hat, spricht von einem „tyrannisierende[n] Gesellschafts-Etwas"

(S. 270, Z. 10f.). Auch die Briests werden vom Ehrenkodex geleitet. Sie verheiraten ihre Tochter, ohne nach deren Gefühlen zu fragen, und verstoßen sie später aus Furcht vor gesellschaftlicher Ächtung.

Für die damaligen Leser war der Roman ein Zeitroman, für heutige Leser ist er eher ein historischer Roman. Dennoch lassen sich Bezüge zur Gegenwart herstellen. Auch in heutiger Zeit sehen sich junge Menschen dem gesellschaftlichen Druck ausgesetzt, etwa bei der Wahl des Partners oder des Berufes. Das Aufbegehren gegen Konventionen und Traditionen ist ein hervorstechendes Merkmal der Jugend geblieben, heute wohl noch mehr als am Ende des 19. Jahrhunderts.

Ein Eheroman

Die Ehe galt im 19. Jahrhundert für die adeligen und bürgerlichen Frauen, die keinen Beruf ausübten und sozial nicht abgesichert waren, als übliche Existenzform erwachsener Menschen. Bei der Partnerwahl waren deshalb die gesellschaftliche Stellung und das Einkommen des Mannes wichtigste Kriterien, nicht die Liebe.

Standesehen im 19. Jahrhundert

Die Verbindung zwischen der 17-jährigen Effi Briest und dem mehr als doppelt so alten Innstetten beruht nicht auf Liebe, sondern wird von den Eltern, die ihrer Tochter einen gesellschaftlichen Aufstieg und eine gute Lebensversorgung sichern wollen, arrangiert. Es ist eine für die damalige Zeit typische Standesehe, die von Effi, die Innstetten zwei Tage vor ihrer Verlobung zum ersten Mal gesehen hat, ohne großes Nachdenken und im Rahmen der vorgegebenen Konvention mit einer sehr austauschbar klingenden Begründung akzeptiert wird: „Jeder ist der Richtige. Natürlich muss er von Adel sein und eine Stellung haben und gut aussehen." (S. 22, Z. 22f.)

Effis Ehe

86 Hintergründe

Gründe für Zustimmung

Die Zustimmung zur Heirat hat Innstetten von Effis Eltern bekommen. Frau von Briest nennt im Gespräch mit Effi auch die entscheidende Begründung: „[…] so stehst du mit zwanzig Jahren da, wo andere mit vierzig stehen. Du wirst deine Mama weit überholen." (S. 19, Z. 39 f.) Zudem ist Innstetten der ehemalige Bewerber um die Hand von Effis Mutter, die sich ihrerseits damals als 20-Jährige aus gesellschaftlichen Gründen gegen ihre wahre Liebe für eine Konventionsehe mit dem älteren und vermögenden Briest entschieden hat. Mit diesem hat sie sich arrangiert, ohne aber wirklich glücklich geworden zu sein. Mädchen, die sich der elterlichen Kuppelei widersetzten, liefen Gefahr, wie Sidonie von Grasenabb als „alte Jungfer" ihr Leben fristen zu müssen.

Mangel an Liebe

Schon auf ihrer standesgemäßen Hochzeitsreise nach Italien ermüdet Innstetten seine Frau mit Vorträgen über Kunst. Effi kann in der Ehe ihre persönlichen Glücksvorstellungen nicht verwirklichen und vermisst Liebe, Wärme und Geborgenheit: „Nur einen Kuss könntest du mir geben. Aber daran denkst du nicht. Auf dem ganzen weiten Wege nicht gerührt, frostig wie ein Schneemann." (S. 78, Z. 18–20) Damit die Standesehe nach außen zu retten gewesen wäre, hätte sich Effi, ähnlich wie ihre Eltern, mit der fehlenden Liebe des Partners zufriedengeben oder sich gar mit der völligen Emotionslosigkeit der pommerschen Landadelsehen abfinden müssen oder aber ihre Anerkennung und Befriedigung in gesellschaftlichen Ablenkungen und Zerstreuungen suchen müssen. Beides war nicht der Fall. Deshalb ist es nicht verwunderlich, dass sie allein dadurch ein „leichtes Opfer" für den „Damenmann" Crampas wird.

Aufgaben der Frau

Frauen waren wirtschaftlich und gesellschaftlich von ihren Männern völlig abhängig. Der Lebensinhalt der verheirateten Frauen, die eine gute Bildung nicht nötig hatten, bestand vor allem in der Repräsentation des Gatten und in der Aufsicht über das Personal, welches ihnen die Arbeit im

Haushalt und oft sogar die Kindererziehung abnahm. Auch Innstetten hat eine genaue Vorstellung, welche Rolle seine Frau, die von Literatur, Geschichte oder Malerei kaum eine Ahnung hat, in der Gesellschaft spielen soll. Sogar den Chinesenspuk setzt er ein, um Effi zu der Frau zu erziehen, die er für seine Position benötigt.

Aus der Situation der meist nicht wirklich geliebten und ungenügend beschäftigten Frauen entstand das Gefühl der Langeweile, das den Ehebruch begünstigte. Dennoch galt der Ehebruch einer Frau damals als ein schlimmes und von der Gesellschaft scharf verurteiltes Vergehen. Wurde er aufgedeckt, galt für die Frau das Schuldprinzip. Sie musste mit harten Sanktionen rechnen: Sie verlor ihre Ehre, ihre Familie und ihren Platz in der Gesellschaft. Anspruch auf Geld vom Mann hatte sie nicht. Effis Vater sieht eben diese Entwicklung voraus: „Das wird eine Weile so gehen, ohne viel Schaden anzurichten, aber zuletzt wird sie's merken, und dann wird es sie beleidigen. Und dann weiß ich nicht, was geschieht." (S. 45, Z. 31–34)

Verurteilung des Ehebruchs der Frau

Er sollte Recht behalten. Effis Unzufriedenheit in der Ehe, gepaart mit ihrem „Hang nach Spiel und Abenteuer" führt zum „Schritt vom Wege" mit allen – wenn auch in diesem Fall sehr verspätet eintreffenden – Konsequenzen: Scheidung, Trennung vom Kind, Tötung des Liebhabers im Duell, Verstoß aus dem Elternhaus, Ausgrenzung aus der Gesellschaft. Wie schon vor der Verlobung ist es wieder die Aufgabe von Effis Mutter, ihr die Fakten mitzuteilen, an denen nichts mehr zu ändern ist. Da Effis gesellschaftlicher Aufstieg damit zunichtegemacht wurde, verweigert ihr die Mutter, welche die Heirat eingefädelt hatte, folgerichtig die Rückkehr ins Elternhaus.

Konsequenz des Ehebruchs

Statt mit Effi zu reden, die Hintergründe für deren Affäre zu ergründen, was vielleicht zu einer Änderung ihrer Beziehung geführt hätte, statt ihr zu verzeihen, erschießt Innstetten den Nebenbuhler und verstößt seine Frau.

Die Schuldfrage

Ungelöste Schuldfrage

Ein wesentliches Merkmal der realistischen Erzählweise Theodor Fontanes ist die weitgehende Objektivität des Erzählers, der nur in ganz seltenen Fällen das Verhalten seiner Figuren kommentiert und so gut wie nie beurteilt (vgl. „Erzählhaltung", S. 73 ff.). Demzufolge lässt er die Schuldfrage, die mehrmals von verschiedenen Figuren gestellt wird und auch ganz am Schluss den Roman beendet, unbeantwortet. Jeder Leser ist aufgefordert, sich ein eigenes Urteil zu bilden.

Anteil von Effis Eltern

Zunächst einmal muss das Verhalten von Effis Eltern kritisch hinterfragt werden, denn die gesellschaftlichen Ambitionen der Mutter, die Nichtbeachtung der Jugend ihrer Tochter, die nicht gewährte Entscheidungsfreiheit der Tochter bei Innstettens Heiratsantrag, haben einen gewissen Anteil am Schicksal ihrer Tochter. Dies durchschaut Effis Vater bereits am Tag der Hochzeit, die er treffender Weise mit einer „Jagdpartie" (S. 41, Z. 2) vergleicht. Als Erster bemerkt er, welche Probleme auf seine Tochter zukommen werden, wenn er etwa die Gegensätze im Wesen Effis und Innstettens mit den Worten „Naturkind" und „Kunstfex" (S. 42, Z. 25 f.) zu fassen versucht. Aber auch Innstettens Gleichgültigkeit oder Nachgiebigkeit gegenüber der Ehefrau haben ihren Anteil daran, dass die Ehe geschlossen wird.

Die strengen Moralvorstellungen im Hause Briest führen schließlich dazu, dass Effi nach ihrer Scheidung erst sehr spät ins Elternhaus zurückkehren darf.

Anteil Innstettens

Innstetten muss sich mehrere Vorwürfe gefallen lassen: die mangelnde Emotionalität in der Ehe, die Vernachlässigung der Ehefrau zugunsten seines Karrieredenkens, seine Prinzipientreue, seinen starren Ehrbegriff, der die Unterordnung unter gesellschaftliche Erwartungen fordert, und die ge-

Die Schuldfrage

fühllose Erziehung Annies, die zur emotionalen Entfernung von der Mutter führt. Ihre eigene Schuld sieht Effi zunächst ein: „Natürlich. Ich bin schuldig, und eine Schuldige kann ihr Kind nicht erziehen." (S. 291, Z. 11–13) Später relativiert sie ihre Einstellung zur Schuldfrage: „Ihrer Schuld war sie sich wohl bewusst […]; aber inmitten ihres Schuldbewusstseins fühlte sie sich andererseits auch von einer gewissen Auflehnung gegen Innstetten erfüllt. Sie sagte sich: Er hatte Recht und noch einmal und noch einmal, und zuletzt hatte er doch Unrecht." (S. 307, Z. 5–11) Doch kurz vor ihrem Tod beurteilt sie die Schuld Innstettens wieder anders und glaubt, „dass er in allem Recht gehandelt" (S. 335, Z. 28f.) habe.

Dass Effi die Schuld ihres Mannes im Laufe des Romans unterschiedlich beurteilt, liegt daran, dass sie sich in jeweils unterschiedlichen Lebensphasen und psychischen Situationen befindet. Als sie Innstetten schwere Vorwürfe macht, lebt sie auf sich allein gestellt und weitgehend isoliert von der Gesellschaft in einer kleinen Wohnung in Berlin und musste kurz vorher erleben, wie sich die von Innstetten erzogene und manipulierte Tochter verändert und innerlich von ihr abgewandt hat (vgl. Kapitel 33). All das musste sie als Bestrafung empfinden, gegen die sie sich wütend auflehnt. *Effis Einschätzung von Innstettens Schuld*

Als sie Innsteffen von jeder Schuld freispricht und stattdessen sich selbst schwer belastet (vgl. Kapitel 36), lebt sie wieder behütet im Elternhaus, ist also quasi wieder das folgsame kleine Mädchen geworden, das sie zu Beginn des Romans war, hat sich wieder ganz den gesellschaftlichen Normen unterworfen und blickt zudem ihrem Tod entgegen.

Effi selbst ist nicht frei von Schuld. Sie hat sich nicht gegen den Willen der Eltern aufgelehnt, was sicherlich auf ihre Erziehung, die gesellschaftliche Konvention und nicht zuletzt ihr junges Alter zurückzuführen ist. Vor allem aber hat- *Anteil Effis*

90 Hintergründe

te sie nicht die Kraft, sich gegen Crampas' geschickte Verführungsstrategie zu wehren, zumal von echter Liebe zu diesem „Damenmann" nicht die Rede sein konnte. Ihr leichtsinniges Aufbewahren der Briefe ist schließlich der direkte Auslöser des verhängnisvollen Verlaufs ihrer Ehe.

Anteil Crampas' Crampas muss vorgehalten werden, dass er Effis Jugend und Naivität gezielt ausnutzt, recht berechnend günstige Situationen schafft oder diese zumindest für sein Vorhaben, Effi zu verführen, einsetzt. Damit muss er sich auch den Vorwurf gefallen lassen, dass er neben seiner Frau zudem Innstetten hintergeht.

Anteil der Gesellschaft Die Hauptschuld am Schicksal Effis, Innstettens und Crampas' trägt sicherlich die Gesellschaft mit ihren starren Normen und Konventionen, die den Menschen wenig Entscheidungsspielraum lassen. Die Folge davon ist das Duell, welches die drei genannten Personen ins Unglück stürzt.

Der Roman „Effi Briest" in der Schule

Der Blick auf die Figuren: Die Personencharakterisierung

Eine literarische Figur charakterisieren – Tipps und Techniken

In einer literarischen Charakterisierung werden neben den äußeren Merkmalen einer literarischen Figur (Aussehen, Alter, Herkunft) besonders die inneren Wesenszüge dargelegt. Auf diesem Weg gelangt man zu einer Gesamtsicht der Figur. Sämtliche Elemente der Charakterisierung – äußere Merkmale, charakterisierende Aussagen sowie weiterführende Deutungen – basieren auf der Textgrundlage. Bei einem epischen Text ist es wichtig, auch die Einschätzungen der Figuren durch den Erzähler zu berücksichtigen. Durch direkte und indirekte Textbelege lassen sich die Aussagen über die zu charakterisierende Figur in nachvollziehbarer Weise begründen, belegen und veranschaulichen.

Für die Erarbeitung einer literarischen Charakterisierung können unter anderem folgende Aspekte und Leitfragen von Bedeutung sein:

1. Personalien und sozialer Status
- Was erfahren wir über den Namen, das Geschlecht, das Alter und den Beruf der Figur?
- Werden auffällige äußere Merkmale beschrieben?
- Wie sehen die Lebensverhältnisse und das soziale Umfeld der Figur aus?
- Gibt es Informationen zur Vorgeschichte der Figur?

2. Wesentliche Charaktereigenschaften

- Gibt es typische Verhaltensweisen und Gewohnheiten?
- Was sind die auffallenden Wesensmerkmale und Charakterzüge der Figur?
- Welche Umstände prägen und bestimmen ihr Leben?
- Welches Bild hat die Figur von sich selbst?
- Wie wird sie von anderen Figuren wahrgenommen?
- Welche Einschätzung von der Figur gibt der Erzähler?
- Welche inneren Einstellungen oder welches Weltbild hat die Figur?
- Zeigt die Figur im Laufe des Romans eine Veränderung oder Entwicklung?
- Welche Beziehungen bestehen zwischen der Figur und anderen Figuren des Romans?

3. Sprachgebrauch und Sprachverhalten

- Welcher Sprachebene oder welchen Sprachstils bedient sich die Figur?
- Verwendet die Figur auffallende Satzstrukturen, Sätze oder Wörter?
- Welches Gesprächsverhalten zeigt die Figur?

4. Zusammenfassende Bewertung

- Welche Funktion hat die Figur für die Handlung des Romans?
- Welche Gesamtdeutung der Figur ergibt sich aus den unter 1. – 4. gewonnenen Erkenntnissen?

Diese Zusammenstellung dient als „Checkliste" für die Erarbeitungsphase der Charakterisierung.

Die folgenden Kurzcharakterisierungen der wichtigen Figuren des Romans bieten die wesentlichen inhaltlichen Anhaltspunkte für die Gestaltung einer Charakterisierung.

Der Blick auf die Figuren: Die Personencharakterisierung **93**

Effi

Die zu Beginn des Romans 17-jährige Effi ist die einzige Tochter der Familie von Briest, die seit Generationen ein Gut mit Herrenhaus, Feld, Wald und Teich im havelländischen Hohen-Cremmen besitzt. Dort hat Effi eine behütete und unbeschwerte Kindheit verbracht.

1. Personalien und sozialer Status

Das weite, blau und weiß gestreifte, etwas jungenhaft wirkende kittelartige Leinwandkleid mit dem breiten Matrosenkragen, in dem Effi zu Beginn der Romanhandlung herumspringt, entspricht ihrer ungezwungenen Lebensweise, die frei von gesellschaftlichen Verpflichtungen und Rücksichten ist. Die lachenden braunen Augen des übermütigen Mädchens verraten eine „große, natürliche Klugheit und viel Lebenslust und Herzensgüte" (S. 8, Z. 35 f.). Sie ist ein sehr lebhaftes Mädchen, das noch gerne mit ihren Freundinnen Verstecken spielt oder Stachelbeerschalen im Teich versenkt. So meint ihre Mutter etwas spaßhaft, dass sie eigentlich Kunstreiterin hätte werden müssen. Ihrer großen Bewegungsfreude nachgebend, sitzt sie mit Vorliebe auf der Schaukel vor dem elterlichen Anwesen. Bei dieser Tätigkeit empfindet sie „etwas eigentümlich Prickelndes, einen Schauer süßer Gefahr" (S. 136, Z. 25 f.).

2. Wesentliche Charaktereigenschaften

2.1 Ungezwungene, kindliche Lebensweise

Trotz einiger schnippischer Aussagen hat sie ein herzliches Verhältnis zu ihren Eltern. Sie erscheint als wohlerzogene, gehorsame Tochter, die den Wünschen ihrer Eltern entspricht und an keiner Stelle des Romans deren Entscheidungen und Meinungen widerspricht. Ihre Mutter ist ihre erste Vertrauensperson. Aber auch mit dem Vater, dessen unkonventionelle Art sie geerbt hat, pflegt sie ein entspanntes Verhältnis. Wie folgsam Effi ist, zeigt sich sehr stark zu Beginn des Romans. Über sie hinweg wird bestimmt, dass sie den Baron von Innstetten, den ehemaligen Liebhaber ihrer Mutter, der mehr als 20 Jahre älter ist (vgl. S. 11, Z. 13 – S. 13, Z. 37), heiraten soll, obwohl sie nicht einmal die

2.2 Gehorsam

Gelegenheit hatte, ihn kennenzulernen, und obwohl sie von Anfang an die Fremdheit zwischen ihr und diesem Mann spürt. Weil ihre Mutter es ihr empfohlen hat, nimmt sie den Antrag Innstettens widerstandslos an.

2.3 Wunsch nach gesellschaftlicher Stellung

Im Gegensatz zu ihrem wilden, jungenhaften Auftreten zu Beginn der Handlung steht ihr Wunsch nach gesellschaftlicher Stellung und Reichtum, der auch ihre Mutter kennzeichnet. Dass sie mit ihrer bevorstehenden Hochzeit einen sozialen Aufstieg verbindet, äußert sie bereits früh gegenüber ihren Freundinnen: „Jeder ist der Richtige. Natürlich muss er von Adel sein und eine Stellung haben" (S. 22, Z. 22 f.). Dies zeigt sich vor allem, als sie mit ihrer Mutter in Berlin die Aussteuer und die Wohnungseinrichtung besorgt, denn „[n]ur das Eleganteste gefiel ihr" (S. 26, Z. 29). Dem widerspricht allerdings ein wenig ihre vom Erzähler gegebene Charakterisierung als „anspruchslos" (S. 26, Z. 16.).

2.4 Naive Vorstellung von der Ehe

Mit ihrer überraschenden und sie unvorbereitet treffenden Verlobung endet ihre Kindheit sehr abrupt. Von ihrer Zukunft, die sie sich ausmalt „wie ein Märchen", hat sie eine recht naive Vorstellung. Von ihrer Ehe erwartet sie sich „Zärtlichkeit und Liebe" (S. 36, Z. 14 f.) und vor allem Abwechslung. „Was ich nicht aushalten kann, ist Langeweile." (S. 36, Z. 29), sagt sie zu ihrer Mutter. Innstetten dagegen ist es am wichtigsten, dass sie in der Bevölkerung populär ist und ihm die Mehrheit sichert, wenn er in den Reichstag will (vgl. S. 79, Z. 9–11).

Effis Erwartungen werden bereits auf ihrer Hochzeitsreise enttäuscht. Auch in der Kleinstadt Kessin tut sie sich mit der ihr zugedachten Rolle als Gattin des Landrates schwer. Sie bemüht sich zwar, dieser ihr zugedachten Rolle gerecht zu werden, doch gelingt es ihr nicht, die Gefühle von Sehnsucht, Heimweh und Langeweile zu unterdrücken.

2.5 Leidet unter der Lieblosigkeit ihres Mannes

Dies liegt zum einen daran, dass das Leben in Kessin kaum Abwechslung zu bieten hat, andererseits auch an ihrer mangelnden Liebe zu Innstetten und an dessen unterkühl-

Der Blick auf die Figuren: Die Personencharakterisierung **95**

tem Verhalten gegenüber seiner Frau. Schon in den ersten Wochen ihres Lebens in Kessin muss sie einen Kuss ihres Mannes, der ihr „frostig wie ein Schneemann" (S. 78, Z. 20) erscheint, anmahnen. Ein weiterer Wesenszug, der vor allem in Kessin nicht zu übersehen ist, ist ihre Fantasie, die auch zu ihrem kindlich-unbeschwerten Wesen passt und die dazu führt, dass sie zum Opfer des Chinesenspuks werden kann.

Als Effi ihre Affäre mit Crampas beginnt, übertritt sie – dem Titel des Theaterstücks „Ein Schritt vom Wege", in dem sie eine Rolle spielt, entsprechend – die Normen der Gesellschaft. Dass Crampas so leichtes Spiel mit ihr hat, offenbart auch Effis Verführbarkeit und ihre mangelnde Selbstdisziplin, wenn es darum geht, sich anderen zu widersetzen. Dies wird bereits zu Beginn des Romans deutlich, als es ihrer Mutter gelingt, sie zur Verlobung mit Innstetten zu überreden, oder als sie nach der Verlobung gleich wieder zu ihren verspielten Freundinnen läuft. Immer wieder trifft sie sich mit Crampas in den Dünen, sie lässt sich treiben. Ihre Schwäche zeigt sich auch darin, dass sie sich nicht aus eigenem Antrieb aus ihrer außerehelichen Beziehung zu befreien vermag.

2.6 Willensschwäche

Dennoch lässt sich feststellen, dass sich Effi letztlich eher aus Langeweile denn aus echter Leidenschaft mit Crampas einlässt. Dies schlägt sich auch darin nieder, dass Effi keinen Schmerz, sondern vielmehr eine große Erleichterung empfindet, als sie von der Versetzung Innstettens nach Berlin, die zur abrupten Beendigung der Affäre führt, erfährt.

2.7 Fehlende Leidenschaft

Nach der Beendigung der Affäre mit Crampas wirkt Effi – wohl auch durch die Geburt der Tochter und die Einstellung Roswithas bedingt – reifer und selbstbewusster, was auch ihr Mann bemerkt: „Und wie gut du aussiehst! […] Du hattest so was von einem verwöhnten Kind, mit einem Mal siehst du aus wie eine Frau." (S. 205, Z. 39 – S. 206, Z. 6)

2.8 Steigendes Selbstbewusstsein

2.9 Gewissensbisse

Wenn Effi zugibt, dass es nicht die Schuld ist, die auf ihrer Seele lastet, sondern die Angst, dass alles am Ende an den Tag kommt (vgl. S. 250, Z. 22–25), wird deutlich, dass sie ihre Schuld nicht mit den Augen der offiziellen Moral betrachtet. Denn sie empfindet Schuld, aber diese lastet nicht auf ihr. „Was da lastet, das ist [...] Angst [...]. Und dann außer der Angst ... Scham." (S. 250, Z. 22–25) Doch ist es nicht so sehr die Scham über ihren Ehebruch, die sie quält, als vielmehr die Scham wegen ihrer Lügen (vgl. S. 250, Z. 35). Mehr als ihre Affäre belastet sie also die Angst vor der Entdeckung ihrer Lügen. Effi ahnt, dass ihr Ehebruch eines Tages entdeckt wird (vgl. S. 250, Z. 22–35). Nach sechs Jahren in Berlin scheint sie die Belastung ihrer Vergangenheit allmählich abgeschüttelt zu haben. Die Nachricht (Brief), dass sie aus ihrem Haus und dem Elternhaus verbannt wird, trifft sie um so überraschender.

2.10 Schwermut

In ihrer kleinen Berliner Wohnung, in der sie nach der Trennung lebt, weichen Heiterkeit und Leichtigkeit ihres Wesens mehr und mehr der Schwermut, Trauer und Niedergeschlagenheit. Ohne großes Aufbäumen fügt sie sich in die Folgen der Entdeckung ihres Ehebruchs. Nur einmal, als sie beim Wiedersehen mit ihrer Tochter erleben muss, wie Annie von ihrem geschiedenen Mann dressiert wurde, lehnt sie sich in ihrer Wut kurzzeitig gegen Innstetten auf. „Mich ekelt, was ich getan; aber was mich noch mehr ekelt, das ist eure Tugend." (S. 314, Z. 4–6) Doch kurz vor ihrem Tod nimmt sie ihre Anklage gegenüber Innstetten wieder zurück und räumt ein, dass er in allem Recht gehabt und getan habe (vgl. S. 335, Z. 28f.). Ob die Ursache hierfür in einer tatsächlichen Einsicht oder – was wahrscheinlicher ist – in dem bloßen Wunsch, im Frieden mit sich und ihrer Umwelt zu sterben, zu finden ist, bleibt letztlich offen. Ihre Fantasie setzt sie nun in der Malerei um, ein neues, in ihrer Zurückgezogenheit ausgeübtes Hobby, das ihren gewandelten Lebensumständen entspricht.

Der Blick auf die Figuren: Die Personencharakterisierung **97**

Dass sie ihr Matrosenkleid aus der Kindheit in den letzten Wochen ihres Lebens wieder trägt, symbolisiert ihre Rückkehr in die Abhängigkeit von ihren Eltern.

Effi ahnt ihren Tod, den sie wie eine Befreiung (vgl. S. 336, Z. 7) begrüßt, voraus, hat nur noch die Sehnsucht, „zu den Sternen oben oder noch drüber hinaus" (S. 333, Z. 15f.) zurückzukehren, und stirbt mit fast 30 Jahren, „mit Gott und Menschen versöhnt, auch versöhnt mit i h m " (S. 335, Z. 10f.). In Hohen-Cremmen, wo ihr eigentliches Zuhause liegt, wo sie die glücklichste Zeit ihres Lebens verbracht hat und wohin ihre Sehnsucht so häufig gerichtet war, findet sie ihre letzte Ruhestätte.

2.11 Todessehnsucht

Vor allem zu Beginn des Romans ist Effis Sprache mitunter noch deutlich von ihrer kindlichen Welt geprägt: „[...] dann knicks ich auch wieder wie ein Backfisch [...] und reite hopp, hopp." (S. 9, Z. 17–20) In kindlich-naiver Denkweise sagt sie von ihrer Mutter: „Wenn ich ein junger Leutnant wäre, so würd ich mich in die Mama verlieben." (S. 13, 12f.) Ihre Eltern nennt sie auch noch kurz vor ihrem Tod „Mama" und „Papa" (z. B. S. 9, Z. 11 und Z. 13; S. 332, Z. 23). Auch die umgangssprachlichen Ausdrücke, die sie bisweilen verwendet, entsprechen ihrer unbeschwerten Art: „ich kriege schon einen" (S. 12, Z. 11), „[a]lle Wetter" (S. 17, Z. 12), „dalbrig" (S. 207, Z. 25), um nur einige Beispiele zu nennen. Auffallend ist, dass sie ihre kindliche Ausdrucksweise später mehr und mehr verliert und dass sie auch Fremdwörter in ihre Sätze einfließen lässt. Dies zeigt, dass sie in ihrer Ehe den Ansprüchen einer standesgemäßen Sprache entsprechen will.

3. Sprachgebrauch und Sprachverhalten
3.1 Kindlichnaive Sprechweise

Insgesamt sind ihre Satzkonstruktionen im Unterschied zu denen Innstettens eher einfach und insbesondere durch mit „und" verbundene Hauptsätze geprägt.

Wenn sie mit ihrem Mann redet, verwendet sie meist das Pronomen „ich" statt des partnerschaftlichen „wir". Das Pronomen „wir" ist ihr und ihren Eltern vorbehalten: „wir

3.2 Gespräche mit Innstetten

Briests" (S. 93, Z. 6f.). Doch ist Effi in Diskussionen ihrem Ehemann meist sprachlich nicht gewachsen und muss ihm häufig zustimmen: „Ja, du hast Recht, Geert" (S. 55, Z. 10).

3.3 Emotionales Sprechen

Wenn Effi erregt ist, drückt sich dies auch in ihrer Sprache aus: Ängstlich berichtet sie über den Chinesenspuk: „[…] ich fuhr also auf aus dem Schlaf und schrie, und als ich mich umsah, so gut es eben ging in dem Dunkel, da strich was an meinem Bett vorbei, gerade da, wo Sie jetzt stehen, Johanna, und dann war es weg." (S. 87, Z. 32–36) Als ein gestrandetes Schiff geborgen wurde, ruft sie begeistert: „Geert, da muss ich mit hinaus, das muss ich sehen" (S. 193, Z. 4). Und nach dem enttäuschend verlaufenen Besuch Annies kann sie ihre Wut nicht mehr zügeln, sodass ihre Sprache außer Kontrolle gerät: „[…] ich will euch nicht mehr, ich hass euch, auch mein eigen Kind. Was zu viel ist, ist zu viel. Ein Streber war er, weiter nichts. – Ehre, Ehre, Ehre … und dann hat er den armen Kerl totgeschossen […] Und ich schuld. Und nun schickt er mir das Kind […], und ehe er das Kind schickt, richtet er's ab wie einen Papagei […] Mich ekelt, was ich getan; aber was mich noch mehr ekelt, das ist eure Tugend." (S. 313, Z. 32–S. 314, Z. 6) Ebenfalls typisch für Effis „emotionale Sprache" sind ihre Satzanfänge mit der Interjektion „Ach", der dann der Name des Angesprochenen folgt (z. B. S. 36, Z. 31; S. 60, Z. 26; S. 138, Z. 7; S. 157, Z. 3; S. 168, Z. 4; S. 228, Z. 19; u.v.a.).

3.4 Sprachliche Verschleierung

Geschickt ist Effis Taktik der sprachlichen Verschleierung, wenn sie etwas nicht sagen will. Dies betrifft natürlich in erster Linie ihre Affäre, die sie in Gesprächen mit Innstetten ausklammert, aber doch anklingen lässt: „In den Dünen ist es immer am schönsten." (S. 196, Z. 12f.); „wir Frauen, zu denen ich mich, seitdem du wieder da bist, ja rechnen darf" (S. 206, Z. 13–15); „Glückliche Tage!" (S. 209, Z. 16f.); „Man ändert sich in der Ehe." (S. 220, Z. 15); „ich […] will auch besser sein als früher und dir mehr zu Willen leben" (S. 232, Z. 12f.). Hierher gehört auch der nichts-

Der Blick auf die Figuren: Die Personencharakterisierung 99

und doch vielsagende Ausruf „Gott sei Dank!" (S. 208, Z. 30) auf die Mitteilung des Umzugs nach Berlin, den ihr Mann nicht zu deuten weiß.

Die öffentliche Moral hat die 17-jährige Effi Briest in eine Vernunftehe mit einem ihr unbekannten Mann getrieben und ihr fast sieben Jahre nach Beendigung einer kurzzeitigen und eher leidenschaftslosen Affäre den Ehemann, das Kind und für einige Zeit sogar die Eltern geraubt, sodass sie emotional verelendet und im Alter von fast 30 Jahren stirbt.

4. Zusammenfassende Bewertung

Herr von Briest

Effis Vater, „ein wohlkonservierter Fünfziger von ausgesprochener Bonhomie" (S. 20, Z. 5 f.), ist als selbstständiger Ritterschaftsrat Vertreter des Kleinadels bei den preußischen Provinziallandtagen. Er stammt aus einer alten, traditionsreichen Adelsfamilie, auf die er sehr stolz ist, besitzt ein Gut in Hohen-Cremmen in der Mark Brandenburg und lebt mit seiner Familie von den Erträgen der Landwirtschaft, vor allem von der Raps- und Kornernte.

1. Personalien und sozialer Status

Herr von Briest kann sich besser in seine Tochter einfühlen als seine Frau, denn ihm wird bald nach der Hochzeit klar, dass Effi den gesellschaftlichen Erwartungen nicht gerecht werden kann. Er zweifelt, ob die Ehe angesichts des großen Altersunterschiedes und der Erwartungen Effis gelingen wird, und ahnt, dass dies Folgen haben wird: „Und dann weiß ich nicht, was geschieht. Denn so weich und nachgiebig sie ist, sie hat auch was Rabiates und lässt es auf alles ankommen." (S. 45, Z. 34 – 36) Erkennbar ist, dass er eine realistischere Sicht der Dinge besitzt als seine Frau.

2. Wesentliche Charaktereigenschaften
2.1 Einfühlungsvermögen in Effi

Er hat sich von allen Hauptfiguren des Romans wohl am weitesten vom gesellschaftlichen Druck emanzipiert. Denn er erkennt, wie wichtig Liebe zwischen Eheleuten, aber auch Eltern und Kindern ist, und er übergeht in seiner teilweise etwas unkonventionellen Art am leichtesten die Regeln, die den Menschen einschränken. Er beneidet darin

2.2 Emanzipation vom Gesellschaftsdruck

die Tiere, die in ihrem instinktmäßigen Verhalten den Menschen überlegen sind (vgl. S. 138, Z. 18–30), und meint in seinem letzten Gespräch mit Luise von Briest: „Ja, Luise, die Kreatur. Das ist ja, was ich immer sage. Es ist nicht so viel mit uns, wie wir glauben. Da reden wir immer von Instinkt. Am Ende ist es doch das Beste." (S. 337, Z. 3–5)

2.3 Nachgiebigkeit und Bequemlichkeit

Eine andere Charaktereigenschaft ist seine Nachgiebigkeit, eine Schwäche, die auch seine Tochter besitzt. Dieser Nachgiebigkeit hat es aber Effi immerhin zu verdanken, dass ihr die Rückkehr ins Elternhaus ermöglicht wird (vgl. S. 316, Z. 14–31).

Effis Vater scheut vor unbequemen Entscheidungen zurück, vermeidet Diskussionen und flüchtet sich aus Bequemlichkeit gerne in die ausweichende Formulierung: „Das ist ein weites Feld." Deshalb ist er häufig abhängig von der Meinung seiner Frau. Er überlässt ihr die Initiative in wichtigen Fragen des Lebens, wie etwa der frühen Verheiratung seiner Tochter mit Innstetten.

3. Sprachgebrauch und Sprachverhalten
3.1 Unkonventionelles Sprechen

Mit lockeren, unkonventionellen Redensarten reizt er seine Frau des Öfteren zum Widerspruch. Wenn er etwa Effi mit einem Efeu vergleicht, der sich um ihren Mann wie um einen schlank aufgeschossenen Stamm ranken muss, bittet sie ihn, „poetische Bilder" zu vermeiden (vgl. S. 21, Z. 21–28).

Herr von Briest neigt zudem zu doppeldeutigen, teilweise spitzen Bemerkungen. So sagt er zum Beispiel zu seiner Frau: „nichts bekomme einem so gut wie eine Hochzeit, natürlich die eigene ausgenommen" (S. 42, Z. 11 f.). Die Eheschließung vergleicht er mit einer „Jagdpartie" (S. 41, Z. 2). Wegen dieser Zweideutigkeiten muss er sich manchmal auch die Kritik seiner Frau gefallen lassen (vgl. S. 337, Z. 20 f.).

3.2 Direktheit

Herr von Briest nimmt kein Blatt vor den Mund und äußert beispielsweise seine kritische Einstellung gegenüber der Willfährigkeit der Beamten – ungeachtet seines Gesprächspartners – recht unverblümt: „So nach meinem eigenen

Der Blick auf die Figuren: Die Personencharakterisierung 101

Willen schalten und walten zu können ist mir immer das Liebste gewesen, jedenfalls lieber – Pardon, Innstetten – als so die Blicke beständig nach oben richten zu müssen." (S. 23, Z. 7–10) Über die Ehe seiner Tochter sagt er sehr direkt: „Liebe hält auch nicht immer vor, aber Schätzung gewiss nicht. Eigentlich ärgern sich die Weiber, wenn sie wen schätzen müssen; erst ärgern sie sich, und dann langweilen sie sich, und zuletzt lachen sie." (S. 245, Z. 29–32) In anderen Situationen weicht er aber einer weiteren Diskussion aus und zeigt sich gegenüber seiner Frau nachgiebig („Es ist möglich, dass du Recht hast, Luise.", S. 21, Z. 30f.) oder wiederholt ihre Worte: „‚Das arme Kind. Sie hat Sehnsucht.' ‚Ja', sagte Briest, ‚sie hat Sehnsuch[t'].'" (S. 47, Z. 34f.) An dieser Stelle muss auch die für ihn typische Floskel „Es ist ein weites Feld" (S. 42, Z. 32; S. 46, Z. 11; S. 48, Z. 16; S. 138, Z. 19; S. 139, Z. 13; S. 337, Z. 27) genannt werden, mit der er gerne die Gespräche mit Frau von Briest beendet, die aber auch seine Einsicht in die Unveränderbarkeit bestimmter Tatsachen und Ereignisse zum Ausdruck bringt.

3.3 Ausweichendes Sprechen

Herr und Frau von Briest und Effi (M.) („Rosen im Herbst"; Verfilmung von R. Jugert, 1955)

4. Zusammen-fassende Bewertung

Herr von Briest, der eine gute Menschenkenntnis besitzt, spürt zwar sehr früh, dass Effi in der Ehe mit Innstetten nicht glücklich sein wird, und besitzt eine skeptischere Einstellung gegenüber der Gesellschaft als seine Frau. Er hält diese Erkenntnisse und Einstellungen aber zurück, weil er Diskussionen aus dem Weg geht und sich lieber hinter seinen Gemeinplätzen verschanzt.

Frau von Briest

1. Personalien und sozialer Status

Luise von Briest, geborene Belling, ist zu Beginn des Romans 38 Jahre alt und wird als schöne und schlanke Frau (vgl. S. 9, Z. 3) beschrieben. Im Alter von 20 Jahren hat sie einen Heiratsantrag von Innstetten abgewiesen und den gesellschaftlich bereits arrivierten Ritterschaftsrat Briest geheiratet, um eine finanzielle Basis für ihre Ehe zu schaffen.

2. Wesentliche Charaktereigenschaften
2.1 Statusdenken

Auch als es um die Zukunft ihrer Tochter geht, hat Frau von Briest, die im Allgemeinen weit entscheidungsfreudiger ist als ihr Mann, in erster Linie deren gesellschaftliche Anerkennung im Blick. Durch das Arrangement der Verlobung ihrer Tochter mit Innstetten möchte sie sich vielleicht nachträglich den Jugendtraum erfüllen, den sie sich versagt hat. Doch insbesondere will sie die Grundlage für den gesellschaftlichen Erfolg Effis legen, wobei sie aufkommende Bedenken verdrängt.

Auch sonst ist sie, wenn es um ihre Tochter oder andere Familienangelegenheiten geht, vor allem auch verbal die treibende Kraft, zum Beispiel, um mit Innstetten den Hochzeitstermin festzulegen oder die Ausstattung der Wohnung zu besprechen. Für Effi ist sie die wichtigste Vertrauensperson.

2.2 Beharren auf Konventionen

Frau von Briest setzt sich für die Einhaltung der gesellschaftlichen Konventionen ein. Und deshalb ist es vor allem sie, die sich nach der Scheidung aus Stolz und verletzter Ehre ihrem Schwiegersohn gegenüber solidarischer zeigt als gegenüber ihrer Tochter. Sie verweigert Effi deshalb vorerst die Rückkehr ins Elternhaus und teilt ihr dies in einem sehr kühl gehaltenen Brief unmissverständlich mit: „[…] das elterliche Haus wird dir verschlossen sein; wir können dir keinen stillen Platz in Hohen-Cremmen anbieten […], denn es hieße das, dies Haus von aller Welt abschließen, und das zu tun, sind wir entschieden nicht geneigt […] [,] weil wir Farbe bekennen, und vor aller Welt […] unsere Verurteilung deines Tuns […] aussprechen wollen …" (S. 291, Z. 29–40) Das Ansehen ist ihr ganz offensichtlich wichtiger als die Liebe zu ihrer eigenen und einzigen Tochter. Damit bekennt sich Frau von Briest genau wie Innstetten zu den moralischen Maßstäben und zum Normensystem der Gesellschaft. Als Effi schließlich, nachdem sie erkrankt ist, doch nach Hause zurück darf, hat sie dies eher der Fürsprache Dr. Rummschüttels und der entschiedenen Meinung ihres Vaters als der bedingungslosen Liebe ihrer Mutter zu verdanken. Dies ist für Frau von Briest kein „leichter Schritt" (S. 316, Z. 25), da sie immer noch fürchtet, von der Gesellschaft geschnitten zu werden. Dass Effi am Ende des Romans wieder wie ein Kind ins Elternhaus zurückkehrt, steht auch symbolisch für das Versagen ihrer Eltern, die das Leben ihrer Tochter gesellschaftlichen Normen und Werten unterworfen haben und es versäumt haben, sie auf die Realität des Ehelebens vorzubereiten.

Insgesamt ist Frau von Briests Sprachverhalten standes- und sprachbewusster als das ihres Mannes. Ihren Mann, der sie mit ihrem Vornamen „Luise" anredet, spricht sie ausschließlich mit „Briest" an.

3. Sprachgebrauch und Sprachverhalten

Kennzeichnend für ihr Verhältnis zu Effi sind ihre Anreden. Sie nennt ihre Tochter „Kleine" (S. 9, Z. 2), „Schatz" (S. 33, Z. 30), „meine liebe Effi" (S. 38, Z. 11, auch noch am Romanende: S. 332, Z. 35) und „Kind" (S. 225, Z. 32). Dies zeigt, dass in ihren Augen Effi nie ganz erwachsen geworden ist und selbst als fast 30-jährige geschiedene Frau noch der elterlichen Obhut bedarf.

Wenn sie mit ihrem Mann über ihre Tochter redet, fallen die vielen Fragen auf, zum Beispiel: „Gefiel dir Effi?" (S. 43, Z. 14), „Und wie erklärst du dir das?" (S. 44, Z. 38) oder den Roman fast abschließende rhetorische Frage, „ob sie nicht doch vielleicht zu jung war?" (S. 337, Z. 23f.). Damit wird deutlich, wie sehr sie innerlich doch daran zweifelt, dass Effi mit Innstetten eine glückliche Ehe führen wird bzw. geführt hat.

4. Zusammen-fassende Bewertung

Für Frau von Briest, welche die Ehe ihrer Tochter eingefädelt hat, zählen ähnlich wie für Innstetten der soziale Status und die Ehre mehr als das Wohl Effis. Anders als ihrem Ehemann gelingt es ihr nicht, sich innerlich von den Erwartungen der Gesellschaft zu lösen.

Innstetten

1. Personalien und sozialer Status

Der zu Beginn des Romans 38-jährige Baron Geert von Innstetten hätte früher beinahe Luise von Belling (Mädchenname von Effis Mutter, vgl. S. 13, Z. 32–35), geheiratet, wenn diese ihm nicht den vermögenden und gesellschaftlich höher stehenden Briest (vgl. S. 13, Z. 34f.) vorgezogen hätte. Nach einer militärischen Ausbildung bei den Rathenowern und seinem Jurastudium diente er im Deutsch-Französischen Krieg 1870/71 und wird – von Bismarck, den er persönlich kennt und der große Stücke auf ihn hält, unterstützt – Landrat in Kessin, einer Kleinstadt in Hinterpommern.

2. Wesentliche Charaktereigen-schaften

Innstetten besitzt eine gute Figur und wirkt sehr männlich (vgl. S. 11, Z. 15), wird von Effis Mutter als „Mann von Charakter, von Stellung und guten Sitten" (S. 19, Z. 36f.) gepriesen. Dem entspricht auch die später geäußerte Einschätzung von Pastor Niemeyer: „Das ist ein Mann von Charakter, ein Mann von Prinzipien." (S. 39, Z. 18f.)

2.1 Vorrang der Pflicht

Im gesamten Roman erscheint Innstetten als sehr korrekter Mann, dem die Pflichterfüllung über alles andere geht. Sein Tagesablauf ist streng geregelt und er steht gewöhnlich sehr früh auf, um seine Arbeit zu erledigen. Dabei vernachlässigt er Effi, die sich nach Liebe, Zärtlichkeit und Zuwendung sowie nach Abwechslung in der Ehe sehnt: „Es war fast zur Regel geworden, dass er sich [...] aus seiner Frau Zimmer in sein eigenes zurückzog. ‚Ich habe da noch eine verzwickte Geschichte zu erledigen.' Und damit ging er." (S. 118, Z. 28–32) Zwischen ihm und Effi kommt es höchstens zu „müden Zärtlichkeiten", die sich Effi gefallen lässt (vgl. S. 119, Z. 20f.). Erst nach dem Umzug nach Berlin bemüht er sich etwas mehr um die emotionalen Bedürfnisse seiner Frau, wirkt weniger steif und genießt mit Effi das gegenüber dem Leben in Kessin gesellschaftlich anregendere Leben.

Sein Menschen- und Weltbild ist von festen moralischen Grundsätzen geprägt. Während Crampas von der Robbenjagd schwärmt, weist er darauf hin, dass diese verboten sei (vgl. S. 148, Z. 19–32). Zu dieser eher rationalen Grundeinstellung passt allerdings nicht so ganz, dass er scheinbar eine Vorliebe für Mystisches besitzt, die schon zu Soldatenzeiten aufgefallen ist und die sich in seiner Erzählung vom Chinesenspuk zeigt.

2.2 Moralische Grundsätze und strenger Ehrbegriff

Außerdem offenbart er eine etwas schulmeisterliche Art, die erstmals während der Hochzeitsreise und den damit verbundenen obligatorischen, Effi aber langweiligen Museumsbesichtigungen, dann durch die Art und Weise, in der er den Chinesenspuk einsetzt, um Effi einzuschüchtern, deutlich wird. Die gesellschaftliche Ehre zu wahren, ist ihm ein sehr hohes Anliegen. So geht er auf Effis Wunsch, wegen des Chinesenspuks ein anderes Haus zu suchen, nicht ein. Denn dann – so fürchtet er – würde er sich vor den anderen lächerlich machen. Diese Eigenschaft erweist sich als noch verhängnisvoller, nachdem er die alten Briefe von Crampas an seine Frau gefunden hat. Obwohl er sechs Jahre nach der Affäre seiner Frau weder Hass auf Crampas noch Eifersucht empfindet und seiner Frau sogar verzeihen könnte, stellt er die Bewahrung seiner Ehre und die Erwartungen der Mitmenschen über seine Gefühle und die seiner Frau und fordert Crampas zum Duell. Er folgt den gesellschaftlichen Normen, dem „tyrannisierende[n] Gesellschafts-Etwas" (S. 270, Z. 11), wie er es nennt, ohne diese zu hinterfragen.

2.3 Karrieredenken und späte Einsicht

Ehrgeizig und strebsam wie er ist, ist ihm seine Karriere sehr wichtig, und so wird er im Verlaufe des Romans zum Ministerialrat und am Schluss sogar zum Ministerialdirektor befördert.

Doch auf dem Höhepunkt seiner beruflichen Karriere angelangt, erkennt er, dass sein Verhalten gegenüber seiner Frau nach der Entdeckung des Ehebruchs falsch war. Über seine Position kann er sich deshalb nicht mehr freuen (vgl. S. 325, Z. 8–31), sein Leben empfindet er sogar als „verpfuscht" (S. 327, Z. 17). Damit wird auch er letztlich zu einem Opfer der gesellschaftlichen Normen, denen er sich nicht entziehen kann. Vielleicht äußert er deshalb am Ende des Romans den Wunsch, nach Afrika zu gehen.

3. Sprachgebrauch und Sprechverhalten
3.1 Trockene Sprechweise

Im Gegensatz zu Effis oft einfach gebauten Sätzen verwendet Innstetten immer wieder lange, sorgfältig konstruierte und oft durch Parenthesen erweiterte Sätze. Seine Sprechweise wirkt auch deshalb sehr überlegt und trocken, sogar wenn er sich zu einem seiner seltenen Komplimente Effi gegenüber hinreißen lässt: „Ja, die liebenswürdigste Frau, die wir jetzt haben, das ist doch die Frau von Innstetten." (S. 252, Z. 26 f.)

Der Erzähler verweist in diesem Zusammenhang darauf, dass Innstetten zu kleinen moralischen Vorträgen neigt (vgl. S. 149, Z. 11 f.).

3.2 Knappe Ausdrucksweise

Doch auch preußisch-knappe, präzise Fragen und Anweisungen gegenüber den Angestellten prägen seine beamtenhafte Sprechweise: „Nun, Kruse, alles in Ordnung?" (S. 49, Z. 28) und „Bringe das Frühstück." (S. 89, Z. 8 f.). Davon bekommt auch Effi etwas zu spüren: „Nun, Effi.

Der Blick auf die Figuren: Die Personencharakterisierung 107

Keine Antwort?" (S. 92, Z. 28) und „Nun lies aber." (S. 93, Z. 24). Häufig spricht er mit ihr von oben herab („Dass in der Luft Bazillen herumfliegen, von denen du gehört haben wirst, ist viel schlimmer", S. 92, Z. 15–17), lobt sie wie ein kleines Kind („Bravo, Effi.", S. 97, Z. 1) und gibt deutliche Warnungen bezüglich ihres Verhaltens gegenüber Crampas: „Aber hüte dich vor dem Aparten oder was man so das Aparte nennt." (S. 100, Z. 6f.) und „sei auf deiner Hut" (S. 188, Z. 7f.). Wenn sich Effi nach Zärtlichkeit sehnt, gibt er sich kurz angebunden: „Ich habe da noch eine verzwickte Geschichte zu erledigen." (S. 118, Z. 31f.) Crampas weist er in stark verkürztem Beamtendeutsch zurecht: „Geht nicht" (S. 148, Z. 22) und „Hafenpolizei" (S. 148, Z. 22). Außerdem macht Innstetten wenig Anstalten, bestehende Verhältnisse infrage zu stellen. Er neigt zu knappen Pauschalurteilen („So sind alle Frauen", S. 90, Z. 33) und verallgemeinernden Redensarten („Nach Mitternacht kann auch der Kaiser keine Tasse Tee mehr verlangen", S. 168, Z. 21f.).

Bezeichnend für sein Verständnis der Ehe sind die Bezeichnungen für seine Frau. Meist nennt er sie mit dem Possessivpronomen „meine süße Effi" (S. 63, Z. 7), „meine liebe Effi" (S. 64, Z. 37; S. 188, Z. 16 und Z. 25) oder gar „meine kleine Frau" (S. 168, Z. 38) und gibt damit indirekt zu verstehen, dass er sie als sein Eigentum betrachtet und Gehorsam erwartet. Erst später verzichtet er auf das Possessivpronomen und nennt sie nur „Effi" (z. B. S. 210, Z. 30). Nachdem er vom Ehebruch erfahren hat, benutzt er die unpersönliche kühle Form „Die Frau kommt nicht wieder" (S. 280, Z. 1f.).

3.3 Bezeichnungen für Effi

Obwohl es Innstetten an Zärtlichkeit und Aufmerksamkeit gegenüber seiner Frau mangelt und er sie wegen eines starren Ehrbegriffs verstößt und letztlich ins Unglück stürzt, ist er nicht der „Bösewicht" des Romans, denn auch er leidet unter den Normen der Gesellschaft, von denen er sich ebenso wenig befreien kann wie Effi.

4. Zusammenfassende Bewertung

Crampas

1. Personalien und sozialer Status

Der 44-jährige Major von Crampas, der verheiratet ist und zwei Kinder von zehn und acht Jahren hat, ist der neue Landwehrbezirkskommandeur von Kessin. Er ist damit für die Musterung der Wehrpflichtigen des Bezirks zuständig, aber auch dafür, dass diejenigen, die ihren Wehrdienst abgeleistet haben, im Kriegsfall als bewaffnetes Aufgebot zur Verfügung stehen. Er trägt einen rotblonden Bart und hat eine Wunde am linken Arm, die von einem Duell herrührt.

2. Wesentliche Charaktereigenschaften

2.1 Beliebtheit bei den Frauen

Hierzu passt, dass seine Frau als eifersüchtig bezeichnet und er selbst in Kessin als „Mann vieler Verhältnisse" und „Damenmann" angekündigt wird. Als er erstmals im Roman in Erscheinung tritt, steigt er gerade nach dem Baden aus dem kalten Meer, was sogleich sein unkonventionelles Wesen unterstreicht. Nach ihrer ersten Unterhaltung mit ihm schätzt ihn Effi als vollkommenen Kavalier, der ungewöhnlich gewandt ist, ein (vgl. S. 121, Z. 35f).

2.2 Mangelnde Gesetzestreue

Crampas tritt gegenüber Innstetten, den er aus der gemeinsamen Zeit im Deutsch-Französischen Krieg kennt und der durch seine festen Moralvorstellungen gekennzeichnet ist, als Draufgänger auf, dem Gesetze nicht so wichtig erscheinen. Dies wird vor allem bei einem gemeinsamen Ausritt mit Effi und Innstetten deutlich, als Crampas die Robbenjagd verteidigt, indem er alle Gesetzlichkeiten als langweilig abtut und hinzufügt, dass das Leben ohne Leichtsinn keinen Schuss Pulver wert sei (vgl. S. 149, Z. 20f.), während Innstetten auf die Einhaltung von „Zucht und Ordnung" beharrt (S. 149, Z. 2f.).

2.3 Raffinierter Verführer

Crampas' verwegenes Wesen bleibt nicht ohne Eindruck auf Effi. Ihre Sympathie zu ihm verstärkt sich noch, als er im Gegensatz zu dem stets dienstbeflissenen Innstetten mehr Zeit für Ausritte, die Vorbereitung von Festen und Abwechslung aufbringt. „Abwechslung ist des Lebens Reiz" (S. 145, Z. 1) lautet demnach eine seiner Devisen. So organisiert er als Vizevorstand des Kessiner Honoratiorenklubs sogleich die Aufführung des Theaterstücks „Ein Schritt vom Wege", in dem er Regie führt und in dem Effi eine Rolle übernehmen wird.

Die Mitwirkung Effis bei dem Theaterstück ist eines der Mittel, die Crampas bei seiner raffiniert ausgeklügelten und planmäßig durchgeführten Verführung Effis einsetzt. Er spricht mit ihr über Ängste und Gefühle, enttarnt Effis Ehemann als „Erzieher", flirtet mit ihr, zeigt sich als guter Kenner der Literatur, versteht es stets, ein paar Anzüglichkeiten oder Doppeldeutigkeiten in die Gespräche einfließen zu lassen, behält das Glas, aus dem Effi getrunken hat, länger als üblich in der Hand. Schließlich nutzt er bei einer Rückfahrt von einer Weihnachtsfeier, als er plötzlich mit Effi allein im Wagen sitzt, die Gunst der Stunde zu heftigen Küssen, denen sich Effi nicht widersetzen kann. Es folgt eine etwa sechsmonatige Affäre der beiden. Eine von tiefer Leidenschaft geprägte Liebesbeziehung ist es aber für Effi genauso wenig wie für Crampas. Als das Verhältnis aus Anlass des Umzugs nach Berlin endet, ist Effi erleichtert und auch Crampas ist nicht unglücklich darüber, zumal er seine Ehe ohnehin nie aufzugeben vorhatte.

Crampas zeigt kein Schuldbewusstsein. „Einem Freunde helfen und fünf Minuten später ihn betrügen, waren Dinge, die sich mit seinem Ehrbegriff sehr wohl vertrugen. Er tat das eine und das andere mit unglaublicher Bonhomie." (S. 156, Z. 7–11)

2.4 Mangelndes Schuldbewusstsein

Und er rechnet nicht mit einem normalen Tod. „Wer für den Strick geboren ist, kann im Wasser nicht umkommen." (S. 143, Z. 2 f.), erklärt er gegenüber Innstetten. Später wünscht er sich, einen ehrlichen Soldatentod zu sterben (vgl. S. 143, Z. 14–16). Ein wesentlicher Charakterzug von Crampas ist seine Schicksalsgläubigkeit. So berichtet Wüllersdorf, nachdem er Innstettens Duellforderung überbracht hat, dass Crampas das Gefühl habe, „aus der Sache

2.5 Schicksalsgläubigkeit

nicht heil herauszukommen" (S. 274, Z. 6). Seinen Tod trägt er demzufolge sehr gefasst.

3. Sprachgebrauch und Sprachverhalten

3.1 Anspielungen und Anzüglichkeiten

Crampas' Sprachverhalten gegenüber Effi ist stark gekennzeichnet durch Komplimente, Anspielungen und Anzüglichkeiten. Er zählt Effi zum Beispiel zu den „schönen, jungen Frauen" (S. 135, Z. 15). Als Effi meint, er freue sich über eine Liebeserklärung, entgegnet er: „Aber ich möchte den sehen, der sich dergleichen nicht wünschte. Gedanken und Wünsche sind zollfrei." (S. 156, Z. 32–34) Um seine eigenen Bestrebungen zu unterstützen, sozusagen als weiteres Mittel der sprachlichen Verführung Effis, benutzt er gerne literarische Vorlagen, welche gewisse Parallelen zu seiner Beziehung mit Effi aufweisen. Über Heinrich Heine weiß er Effi zum Beispiel zu berichten: „Er ist mein Lieblingsdichter […] und vor allem versteht er sich auf die Liebe, die doch die Hauptsache bleibt. Er ist übrigens nicht einseitig darin …" (S. 158, Z. 18–23) Und den Neufundländer eines spanischen Ritters, den die Königin heimlich liebte und der in einem Gedicht Heines vorkommt, nennt er anspielungsreich Rollo (vgl. S. 161, Z. 21).

3.2 Fremdwörter

Auch mit Fremdwörtern französischen Ursprungs wie „Honneurs" (S. 142, Z. 12), „Ressource" (S. 145, Z. 7) oder „Cochon" (S. 152, Z. 18) gibt er sich als Charmeur und versteht es, Effi zu beeindrucken.

3.3 Sprichwörter und Gemeinplätze

Sehr gern benutzt Crampas Sprichwörter und sentenzhafte Gemeinplätze, um sein Wesen oder seine Absichten anzudeuten. „Wer für den Strick geboren ist, kann im Wasser nicht umkommen." (S. 143, Z. 2 f.), sagt er bei seinem ersten Besuch auf der Veranda der Innstettens und deutet damit sowohl seinen Leichtsinn und sein verwegenes Wesen als auch unbewusst seinen unnatürlichen Tod an. Auch mit Wendungen wie „Abwechslung ist des Lebens Reiz" (S. 145, Z. 1), „Alle Gesetzlichkeiten sind langweilig." (S. 148, Z. 26 f.) oder „Überhaupt, ohne Leichtsinn ist das

Der Blick auf die Figuren: Die Personencharakterisierung 111

ganze Leben keinen Schuss Pulver wert." (S. 149, Z. 20 f.),
um nur einige zu nennen, charakterisiert er sich selbst.

Major von Crampas, der als „Damenmann" in den Roman
eingeführt wird, wird zum galanten Verführer Effis, welche
sich seinem Charme zwar nicht entziehen kann, aber ihm
im Grunde nicht leidenschaftlich verfallen war.

4. Zusammen-
fassende
Bewertung

Gieshübler

Der unverheiratete und auffallend altmodisch gekleidete,
etwa 50 Jahre alte und bucklige Dr. Alonzo Gieshübler ist
Apotheker in Kessin. Die Komik seines Aussehens weckt
beim Leser unweigerlich Sympathie. Er ist „ein kleiner,
schiefschultriger und fast schon so gut wie verwachsener
Herr in einem kurzen eleganten Pelzrock und einem hohen, sehr glatt gebürsteten Zylinder" (S. 71, Z. 4 – 7).

1. Personalien
und sozialer
Status

Nach Effis Ansicht ist er der „einzige richtige nette Mensch"
(S. 79, Z. 21) in Kessin. Als Schöngeist des Ortes arrangiert
er Theateraufführungen und Veranstaltungen, wie etwa einen Liederabend mit Tripelli. Dies zeigt neben seiner geisti-
gen Beweglichkeit auch seine Offenheit, denn Tripelli lebt
mit einem russischen Fürsten in einer zweifelhaften Beziehung.

2. Wesentliche
Charaktereigen-
schaften
2.1 Kulturelles
Engagement

Seine Sympathie für Effi äußert sich darin, dass er ihr immer
wieder Zeitungen und kleine Geschenke bringt und gerne
mit ihr plaudert. Hier tritt auch seine selbstironische Sicht
der Welt zu Tage: „Die Jugend, auch in ihren Fehlern ist sie
noch schön und liebenswürdig, und das Alter, auch in seinen Tugenden taugt es nicht viel." (S. 72, Z. 15 – 17) Er
entwickelt für Effi „alle schönen Liebesgefühle durch- und
nebeneinander […], die des Vaters und Onkels, des Lehrers
und Verehrers" (S. 118, Z. 15 – 17), und ist der einzige Kessiner, zu dem Effi Vertrauen hat.

2.2 Sympathie
für Effi

Nach dem Duell zeigt Gieshübler weder Verständnis für
Crampas' Verführung noch für Innstettens Ehrbegriff, aber
sehr viel Mitgefühl für Effis Schicksal.

3. Sprachgebrauch und Sprachverhalten
3.1 Höfliches und bescheidenes Sprechen

Auch in seiner Sprache erweist sich Gieshübler als sehr gebildeter und höflicher Mensch und aufmerksamer Gesprächspartner. Bei seinem Antrittsbesuch bei Effi, welche er ehrerbietig mit „meine gnädigste Frau" (S. 72, Z. 11 und Z. 14; S. 73, Z. 8) oder „meine Gnädigste" (S. 73, Z. 16; S. 74, Z. 4) anredet, fallen die zustimmenden Einleitungen seiner Gesprächsbeiträge auf: „Oh, nein, gewiss nicht …" (S. 72, Z. 29), „Ja, […], da treffen Sie's." (S. 73, Z. 8 f.), „Ganz wie Sie vermuten" (S. 73, Z. 16), „Oh, gewiss" (S. 74, Z. 4).

Immer wieder beginnt er seine Aussagen mit Floskeln oder fügt dort Einschübe ein, welche seine vornehme Zurückhaltung und Bescheidenheit unterstreichen: „das bitte ich sagen zu dürfen" (S. 72, Z. 8 f.), „Ich darf wohl sagen" (S. 72, Z. 21), „so schlecht es mir persönlich zusteht, die Beweisführung zu übernehmen" (S. 73, Z. 17 f.).

3.2 Ergriffenheit durch Verstummen

Wie sehr Gieshübler Effi in sein Herz geschlossen hat, zeigt sich auch darin, dass er bei ihrem bewegenden Abschied vor der endgültigen Abreise nach Berlin nicht viel mehr als nur „Aber meine gnädigste Frau" (S. 215, Z. 31; S. 216, Z. 6 und Z. 16) zu sagen imstande ist.

4. Zusammenfassende Bewertung

Am Schluss des Romans fasst Wüllersdorf das Wesen dieses menschlich empfindenden, feinfühligen Mannes zusammen: „Es wäre zu wünschen, dass es mehr Gieshübler gäbe. Es gibt aber mehr andere." (S. 279, Z. 28 f.)

Wüllersdorf

1. Personalien und sozialer Status

Der unverheiratete von Wüllersdorf ist Geheimrat im Ministerium in Berlin.

2. Wesentliche Charaktereigenschaften
2.1 Einziger Freund und Vertrauter Innstettens

Wüllersdorf ist der einzige Kollege, mit dem Innstetten, der ihn von früher her kennt, auch ein persönliches Verhältnis verbindet. Als dessen engster Vertrauter wird er folglich zu Rate gezogen, nachdem Innstetten die verräterischen Briefe gefunden hat.

Der Blick auf die Figuren: Die Personencharakterisierung **113**

Zunächst äußert er große Bedenken gegen Innstettens Ehrbegriff, die er vor allem mit der Verjährung der Affäre begründet, sowie gegen die damit verbundene Duellforderung und erweist sich als lebenskluger und vorausschauender Mensch: „Aber wenn Sie den Liebhaber totschießen, ist Ihr Lebensglück sozusagen doppelt hin, und zu dem Schmerz über empfangenes Leid kommt noch der Schmerz über getanes Leid. Alles dreht sich um die Frage, müssen Sie's durchaus tun?" (S. 268, Z. 21–25)

2.2 Kritische Einstellung zum Duell

Aber am Ende muss er doch resignierend nachgeben: „Die Welt ist einmal, wie sie ist, und die Dinge verlaufen nicht, wie wir wollen, sondern wie die a n d e r n wollen. [...], unser Ehrenkultus ist ein Götzendienst, aber wir müssen uns ihm unterwerfen, solange der Götze gilt." (S. 271, Z. 24–30) Er überbringt die Forderung an Crampas und fungiert selbst beim Duell als Sekundant.

2.3 Zustimmung zum Duell

Doch als Innstetten am Schluss seinen Fehler einsieht, triumphiert Wüllersdorf nicht und bleibt Innstettens Berater, der sich vor allem durch seine realistische Lebenseinstellung auszeichnet: „Einfach hier bleiben und Resignation üben [...] In der Bresche stehen und aushalten, bis man fällt, das ist das Beste. Vorher aber im Kleinen und Kleinsten so viel herausschlagen wie möglich, und ein Auge dafür haben, wenn die Veilchen blühen" (S. 329, Z. 3–14).

2.4 Realistische Sicht

Wüllersdorfs Sprache ähnelt sehr der Innstettens, vor allem in Bezug auf lange Satzkonstruktionen mit häufigen Einschüben. In seiner Unterredung mit Innstetten über den Ehrenkodex und das Duell erscheint er aber sprachlich weit zurückhaltender als sein Gesprächspartner. Typisch ist sein „Ich weiß es auch nicht" (S. 268, Z. 10) oder „Ich weiß doch nicht" (S. 270, Z. 14 und Z. 33). Auch durch häufige Fragen gibt er seinen Bedenken und Zweifeln sprachlichen Ausdruck: „müssen Sie's durchaus tun?" (S. 268, Z. 25), „Wie steht es dann?" (S. 269, Z. 1), „wozu die ganze Geschichte?" (S. 269, Z. 22f.).

3. Sprachgebrauch und Sprachverhalten

4. Zusammen-
fassende
Bewertung

Wüllersdorf, der im Wesentlichen in der Rolle des vertrauten Gesprächspartners Innstettens in den Roman eingeführt wird, wird zwar etwas einfühlsamer gezeichnet als sein Freund. Er kann aber nicht als dessen echter Widerpart angesehen werden, denn letztlich resigniert auch er angesichts des als unausweichlich empfundenen gesellschaftlichen Drucks.

Johanna

1. Personalien
und sozialer
Status

Johanna, die angeblich die uneheliche Tochter eines protestantischen, preußischen Garnisonsoffiziers ist (vgl. S. 236, Z. 2–8), ist eine „hübsche, nicht mehr ganz jugendliche Person, der ihre stattliche Fülle fast ebenso gut kleidete wie das zierliche Mützchen auf dem blonden Haar" (S. 56, Z. 23–25).

2. Wesentliche
Charaktereigen-
schaften
2.1 Pflicht-
erfüllung
2.2 Zuverlässig-
keit

Sie ist „sehr geschickt und brauchbar und der Männerwelt gegenüber von einer ausgesprochenen und selbstbewussten Reserviertheit" (S. 235, Z. 33–S. 236, Z. 2).

Ihre Zuverlässigkeit zeigt sich schon früh, als sie Effi in der ersten Spuknacht beisteht und den Rest der Nacht in ihrem Zimmer verbringt. Als Hausangestellte kümmert sie sich zusammen mit Roswitha auch um die Erziehung Annies, wobei sie hierbei vor allem auf Anstand, Sitte und Moral großen Wert legt und damit vom Typ her eher Innstetten entspricht. Nach der Scheidung unterstützt sie ausdrücklich Innstettens Pflichtauffassung, bleibt in seinem Haushalt und geht ganz im Dienst für ihren Herrn auf.

3. Sprachge-
brauch und
Sprachverhalten

Johanna, die untertänig Innstetten stets mit „der Herr" (z. B. S. 60, Z. 35) und Effi mit „gnäd'ge Frau" (z. B. S. 61, Z. 20) anredet, verwendet fast ausschließlich kurze Hauptsätze. Effis Spukerlebnis etwa kommentiert sie wie folgt: „Ja, das ist oben im Saal. Früher hörten wir es in der Küche auch. Aber jetzt hören wir es nicht mehr; wir haben uns daran gewöhnt." (S. 61, Z. 30–33) Sie drückt sich außerdem betont nüchtern und knapp aus. So zum Beispiel ent-

Der Blick auf die Figuren: Die Personencharakterisierung 115

gegnet sie auf Effis Frage nach der Uhrzeit nur „Eben neun."
(S. 60, Z. 28). Diese knappen Antworten entsprechen ihrem kühlen und trockenen Naturell.

Johanna repräsentiert die preußischen, protestantischen Tugenden der Pflicht und Zuverlässigkeit und ist in ihrer nüchternen Art ihrem Herrn, dessen Entscheidungen sie stets unterstützt, wesensverwandt.

4. Zusammenfassende Bewertung

Roswitha

Die Amme Roswitha Gellenhagen wird, kurz nachdem ihre Dienstherrin verstorben und sie arbeitslos geworden ist, nach einer zufälligen Begegnung auf dem Kirchhof von Effi als Kindermädchen eingestellt, noch ehe Annie zur Welt gekommen ist. Sie ist katholisch, stammt aus Thüringen und ist schon durch ihre Herkunft das Gegenbild zu der preußischen, protestantischen Johanna. Auch durch ihre geringe Bildung unterscheidet sich die aus einer einfachen Schicht kommende Roswitha von Innstettens anderer Haushaltshilfe.

1. Personalien und sozialer Status

Daneben entspricht Roswitha, die ihr Herz auf dem rechten Fleck trägt, auch charakterlich durch ihr natürliches, einfaches Wesen eher Effis Natur als die spröde und korrekte Johanna.

2. Wesentliche Charaktereigenschaften
2.1 Natürlichkeit

Nach der Tennung von Innstetten bleibt sie bei Effi, zieht mit ihr in eine kleine Berliner Wohnung. Sie ist dort die einzige Vertraute Effis: „Effi hatte noch immer die alte Liebe für sie, war doch Roswitha die Einzige, mit der sie von all dem Zurückliegenden, von Kessin und Crampas, von dem Chinesen und Kapitän Thomsens Nichte frei und unbefangen reden konnte." (S. 256, Z. 22–26) Die treue Roswitha folgt ihr auch, als sie ins Elternhaus nach Hohen-Cremmen zurückkehrt. Hier ist es ihrem Mitgefühl für Effi zu verdanken, dass Innstetten seiner geschiedenen Frau den geliebten Hund Rollo schickt.

2.2 Treue zu Effi

3. Sprachgebrauch und Sprachverhalten

Roswitha gibt sich durch das Possessivpronomen und den Superlativ in ihrer Anrede Effis noch untertäniger als Johanna: „meine gnädigste Frau" (z. B. S. 72, Z. 11 und Z. 14). Auch verwendet sie im Unterschied zu Johanna immer wieder umgangssprachliche Ausdrücke, wie „solch Dingelchen wie 'ne Puppe" (S. 130, Z. 20), „Guckäugelchen" (S. 130, Z. 21), „Mannsleute" (S. 201, Z. 35), „mir armem Wurm" (S. 257, Z. 13). Teilweise verfällt sie sogar in dialektales Sprechen: „Un eigentlich müsst ich nu gleich den Pinsel hier nehmen" (S. 201, Z. 36 f.). Umgangssprache und Dialekt sind ein Hinweis auf ihre einfache Herkunft. Auffällig oft bindet sie in ihre Aussagen das Wort „Gott" oder „lieber Gott" (z. B. S. 129, Z. 1, Z. 13, Z. 16 und Z. 32; S. 131, Z. 3 und Z. 10; S. 257, Z. 12; S. 262, Z. 29 und Z. 31) ein. Dies ist ein Hinweis auf ihre katholische Erziehung und ihren Glauben, zu dem sie sich im Übrigen auch selbst sprachlich bekennt: „Gott und seine Heiligen führen uns wunderbar" (S. 204, Z. 24 f.).

4. Zusammenfassende Bewertung

Während Johanna in erster Linie Innstetten treu ergeben ist, ist Roswitha in ihrer menschlichen Art und durch ihr Mitgefühl ein Gegenbild zur unterkühlten Johanna und deshalb die einzige wirkliche Vertraute Effis, für die sie bis zu deren Tod sorgt.

Sie dient aber nicht nur als Kontrastfigur zu Johanna. Da sie in ihrer Jugend nach der Geburt eines unehelichen Kindes vom Vater mit einer glühenden Eisenstange fast umgebracht worden wäre, mit Schimpf und Schande aus dem elterlichen Haus gejagt wurde und ihr das Kind weggenommen wurde, ist sie darüber hinaus eine Art Spiegel von Effis Schicksal oder nimmt es vorweg. Auch ihr Verhalten dem Kutscher Kruse gegenüber, mit dem sie ab und zu flirtet, stellt eine Parallele zur Ehebruchsgeschichte um Effi und Crampas dar.

Der Blick auf den Text: Die Textanalyse

Einen Textauszug analysieren – Tipps und Techniken

Für die Analyse (Beschreibung und Deutung) von Auszügen aus dem Roman stehen grundsätzlich zwei verschiedene Methoden zur Auswahl: die Linearanalyse und die aspektgeleitete Analyse.

In der **Linearanalyse** werden die einzelnen Abschnitte des Aufgabentextes systematisch analysiert, das heißt ihrer Reihenfolge nach. Dies führt in der Regel zu genauen und detaillierten Ergebnissen. Allerdings besteht dabei die Gefahr, dass zu kleinschrittig gearbeitet wird und übergeordnete Deutungsaspekte aus dem Blick geraten.

In der **aspektgeleiteten Analyse** werden diese Deutungsschwerpunkte von vornherein festgelegt. Daraus ergibt sich in der Regel eine sehr problemorientierte und zielgerichtete Vorgehensweise. Dabei werden jedoch die Deutungsaspekte, die nicht im Fokus des Interesses stehen, vernachlässigt.

Aufbauschema

1. **Einleitung:**
   a. Basissatz: Autor, Titel, Textsorte, Erscheinungsjahr des Werks
   b. Ort, Zeit und Personen der Szene
   c. kurze Inhaltsangabe

2. **Einordnung des Textauszuges in den Roman:**
   Was geschieht vorher, was nachher?

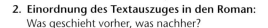

Linearanalyse   *aspektgeleitete Analyse*

3. **Aufbau des Ausschnitts**
   Auflistung der Textabschnitte/Textgliederung

3. **Untersuchungsschwerpunkte**
   Auflistung der ausgewählten Untersuchungsaspekte

4. **Beschreibung und Deutung der unter 3. angegebenen Textabschnitte:**
   a. Aussagen zum Inhalt des Abschnitts
   b. Aussagen zur Deutung, Einbettung in den Zusammenhang des Romans
   c. Einbeziehung der sprachlichen Gestaltung

4. **Beschreibung und Deutung der unter 3. angegebenen Aspekte:**
   a. Benennen des jeweiligen Aspektes
   b. Aussagen zur Deutung, Einbettung in den Zusammenhang des Romans
   c. Einbeziehung der sprachlichen Gestaltung

5. **Schluss:**
   a. Zusammenfassung der Ergebnisse
   b. Einordnung in einen größeren Deutungszusammenhang
   c. Bewertung

Der Blick auf den Text: Die Textanalyse **119**

Zu beiden Analysemethoden wird im Folgenden je eine Lösung präsentiert.

Übungsvorschlag:
Erstellen Sie zuerst eine eigene Lösung und vergleichen Sie sie dann mit den unten angeführten Vorschlägen. Überprüfen Sie: An welchen Stellen erscheint Ihnen Ihre eigene Lösung schlüssiger? Welche zusätzlichen Anregungen und Einsichten können Sie den Beispieltexten entnehmen?

Beispielanalyse 1 (linear)

Aufgabe: Erschließen Sie das Ende des 30. Kapitels (S. 289, Z. 23 – S. 290, Z. 22) und den Anfang des 31. Kapitels (S. 290, Z. 24 – S. 292, Z. 4) des Romans „Effi Briest" von Theodor Fontane.

Tipps:
In der Einleitung muss der zu analysierende Textausschnitt knapp in den Handlungszusammenhang eingeordnet werden. Eine detaillierte Wiedergabe des Inhalts wäre fehl am Platz. Im Hauptteil empfiehlt es sich, zunächst den groben Aufbau des Textauszuges zu erläutern. Erst dann sollte man die erwähnten Abschnitte detailliert analysieren. Hierbei müssen neben rein inhaltlichen Informationen unbedingt das Erzählerverhalten und sprachliche Auffälligkeiten in ihrer Wirkung auf den Leser einbezogen werden. Verweise auf andere Teile und Ereignisse des Romans sollten gegebenenfalls an geeigneten Stellen der Analyse angebracht werden. Am Schluss werden die Ergebnisse des Hauptteils zusammengefasst und die Bedeutung der Textstelle für den ganzen Roman und/oder dessen Fortgang aufgezeigt.

120 Der Roman „Effi Briest" in der Schule

Einleitung

Fontanes Roman „Effi Briest" erschien im Jahr 1896 und erzählt vom unglücklichen Verlauf der Ehe zwischen der anfangs 17-jährigen Titelheldin Effi und ihrem fast 22 Jahre älteren Mann Innstetten. In dem vorliegenden Auszug erfährt Effi Briest durch einen Brief ihrer Mutter, dass ihr Mann von ihrem fast sieben Jahre zurückliegenden Ehebruch erfahren hat und sich von ihr trennen wird.

Einordnung des Textauszuges in den Roman

Der Textauszug aus Fontanes Roman „Effi Briest" beginnt am Ende des 30. Kapitels und endet etwa in der Mitte des 31. Kapitels. Er setzt ein, als Effi, die auf einer Kur in Bad Ems weilt, eher desinteressiert den Erzählungen von Frau von Zwicker, einem anderen Kurgast, beiwohnt und ihr der Postbote Böselager (!) einen Brief überreicht hat. Noch ahnt sie nicht, dass ihr Mann vor Kurzem zufällig die Liebesbriefe gefunden hat, die sie auch nach der Beendigung ihrer Affäre mit Crampas aufbewahrt hat, wundert sich aber, dass seit Tagen keine Post von Innstetten eingetroffen ist.

Im weiteren Verlauf des Romans wird Effi Briest nach der Scheidung von ihrem Mann und der Trennung von ihrer Tochter drei Jahre einsam in einer Berliner Wohnung leben, dann in ihr Elternhaus zurückkehren, wo sie etwa ein Jahr darauf sterben wird.

Aufbau

Der Textauszug besteht aus sechs Teilen: einem Erzählerbericht über das Betrachten und Öffnen des Briefes sowie die Lektüre von dessen Beginn, einem kurzen Dialog zwischen Effi und Frau von Zwicker, einem Erzählerbericht über Effis Rückzug in ihr Zimmer und ihre Sehnsucht, Bad Ems zu verlassen, einem inneren Monolog, in dem sie gefasst reagiert, einem wörtlich wiedergegebenen Teil des Briefes, in dem sie erfährt, dass sie aus dem Elternhaus verstoßen wurde, und dem abschließenden Erzählerbericht über ihre Verzweiflung.

1. Abschnitt

Der den Textauszug einleitende auktoriale Erzählerbericht schildert, wie die geistesabwesende Effi den Brief in den Händen hält. Die „unerklärliche Scheu, ihn zu öffnen"

Der Blick auf den Text: Die Textanalyse **121**

(S. 289, Z. 24 f.) lässt den Leser, der im Gegensatz zur Adressatin schon um die Entdeckung der kompromittierenden Briefe weiß, bereits den Anlass des Schreibens ahnen. Dies wird verstärkt durch den Hinweis des Erzählers, dass es sich um einen eingeschriebenen Brief in einem dicken Kuvert mit zwei Siegeln handelt, der den Poststempel „Hohen-Cremmen" und die Handschrift der Mutter trägt. Der eingeschobene Fragesatz „Was bedeutete das?" (S. 289, Z. 27) gibt Effis gedankliche Reaktion wieder, die sich darüber hinaus wundert, dass Innstetten seit fünf Tagen nicht eine Zeile geschrieben hat. Nach dem langsamen Öffnen des Umschlags mit einer Stickschere kündigt der Erzähler „eine neue Überraschung" (S. 289, Z. 32) an. Nach der knappen, aber detaillierten Beschreibung des Inhalts (Briefbogen mit eng beschriebenen Zeilen der Mutter, mit Papierstreifen umwickelte Geldscheine, Verzeichnen der Summe auf den Streifen) wird erzählt, wie Effi zu lesen beginnt, wobei sie sich in den Schaukelstuhl zurücklehnt. Damit taucht auch an dieser Stelle ein Leitmotiv auf, das den gesamten Roman durchzieht und in der Form der Schaukel vor dem Elternhaus Effis ungestümen Bewegungsdrang, ihren Hang nach Abenteuern und die Lust, die sie verspürt, wenn sie den Boden unter den Füßen verliert, symbolisiert. Indem die Schaukel nun durch einen Schaukelstuhl abgelöst wird, wird die Beengtheit ihres momentanen und zukünftigen Daseins betont. Schon nach der Lektüre weniger Zeilen wird ihre psychische Verfassung geschildert: Der Brief entgleitet ihr aus den Händen und „aus ihrem Gesicht war alles Blut fort" (S. 290, Z. 7 f.). Noch lässt der Erzähler den Leser im Unklaren darüber, was genau in dem Brief steht.

Daran ändert auch der folgende knappe Dialog mit der 2. Abschnitt Geheimrätin von Zwicker nichts, welche mehr aus Neugier und gespieltem Mitempfinden denn aus echter Anteilnahme fragt, was mit Effi los sei und ob der Brief schlechte

Nachrichten enthalte. Effi, die nickt und sich ein Glas Wasser reichen lässt, antwortet sehr ausweichend, dass alles vorübergehen werde, und äußert die Bitte, sich zurückziehen zu dürfen. Dies verdeutlicht, dass sie Distanz zu ihrer Gesprächspartnerin sucht und vor ihr die Haltung bewahren will. Auch in solchen Details zeigt sich, wie sehr der Druck der Gesellschaft das Verhalten der Personen beeinflusst.

3. Abschnitt   Das Kapitel endet mit einem Erzählerbericht: Effi begibt sich, am Palisanderflügel Halt suchend, auf ihr Zimmer, wo sie auf ihrem Bett ohnmächtig zusammenbricht. Erst in ihrer Privatsphäre zeigt sie somit ihre wahre innere Befindlichkeit.

Typisch für die Struktur des Romans ist, dass das folgende Kapitel nicht mit einer neuen Handlung einsetzt, sondern die unmittelbare Fortführung des vorangegangenen Kapitels darstellt. Nach einem ganz geringen Zeitsprung („Minuten vergingen") wird erzählt, dass Effi, die sich erholt hat, am Fenster stehend auf die Straße blickt. Dies symbolisiert bereits die gesellschaftliche Isolation, vor der Effi nun stehen wird. Die erlebte Rede „Wenn da doch Lärm und Streit gewesen wäre" (S. 290, Z. 26 f.) zeigt, dass Effi am liebsten auf andere Gedanken kommen würde. Die folgende Beschreibung der chaussierten[1] Wege, auf denen der Sonnenschein und dazwischen die Schatten, welche die Gitter und Bäume warfen, lagen, greift ein Leitmotiv auf, das schon im ersten Satz des Romans vorkommt, wo der helle Sonnenschein und ein breiter Schatten auf dem Briestschen Anwesen erwähnt werden. Sonnenschein und Schatten, die Effis unbeschwertes Wesen und ihr unglücklich verlaufendes Leben symbolisieren, finden eine Parallele in der kurz darauf folgenden, Effis Gefühlslage charakterisierenden Antithese: „Vor einer Stunde noch eine glückliche Frau, Liebling aller, die sie kannten, und nun ausgesto-

---

[1] chaussieren: befestigen

Der Blick auf den Text: Die Textanalyse **123**

ßen." (S. 290, Z. 31 f.) Danach teilt der Erzähler mit, dass sich Effi ihrer Lage bewusst sei, obwohl sie den Brief noch gar nicht ganz gelesen habe. Die zweimalige Frage „Wohin?" (S. 290, Z. 34 und S. 291, Z. 4), auf die sie keine Antwort weiß, zeigt, dass sie Bad Ems am liebsten sofort verlassen würde, was der Erzähler auch bestätigen kann. Dass die mehr neugierige als teilnahmsvolle Geheimrätin von Zwicker ihr keine Hilfe ist, wird ausdrücklich erwähnt. Nach dem Hinweis auf den fehlenden Mut Effis, den Brief 4. Abschnitt weiterzulesen, folgt ein längerer innerer Monolog, in dem sie sich sehr nüchtern und klar über die Konsequenzen ihrer Affäre mit dem nun toten Crampas und ihrer Schuld daran bewusst wird und der ihre Zukunft vorwegnimmt: keine Rückkehr in ihr Haus, Scheidung, Entzug des Kindes. Mit den drei rhetorischen Fragen dieses inneren Monologs („Wovor bange ich mich noch?" etc.) redet sie sich ein, dass sie keine Angst vor diesen Folgen zu haben braucht. Aufgrund dieser weitsichtigen Überlegungen fasst sie den Mut, den Brief weiterzulesen, dessen Ende nun wörtlich wiedergegeben wird.

Der Brief bestätigt Effis Vorahnungen und wird beherrscht 5. Abschnitt vom Widerspruch zwischen der liebevollen Zuwendung von Effis Mutter („meine liebe Effi", „Du […] darfst […] unserer Unterstützung sicher sein.", „unseres einzigen und von uns so sehr geliebten Kindes") und ihrer gnadenlosen und in betont sachlich-distanzierter Sprache formulierten Verbannung aus dem Elternhaus: „Du wirst einsam leben […] Die Welt, in der du gelebt hast, wird dir verschlossen sein […] [A]uch das elterliche Haus wird dir verschlossen sein; wir können dir keinen stillen Platz in Hohen-Cremmen anbieten, keine Zuflucht in unserem Hause, denn es hieße das, dies Haus von aller Welt abschließen, und das zu tun, sind wir entschieden nicht geneigt. Nicht weil wir zu sehr an der Welt hingen […], sondern einfach weil wir Farbe bekennen, und vor aller Welt […] unsere Verurteilung deines Tuns [...] aussprechen wollen ..." (S. 291, Z. 24–40) Frau von Briests deutliche Worte zeigen, wie sehr neben Innstetten, der Crampas im Duell töten musste, auch Effis Eltern dem gesellschaftlichen Druck nicht standhalten können und an die erstarrten Konventionen gebunden sind.

6. Abschnitt — Der Abschnitt wird von einem Erzählerbericht abgeschlossen, der über Effis verzweifelte Reaktion – sie kann nicht weiterlesen und bricht in Schluchzen und Weinen aus – informiert und im Gegensatz zu ihrer anfänglich so gefassten Haltung steht. Es wird deutlich, dass Effi die Verbannung aus dem Elternhaus seelisch noch weit mehr trifft als die Beendigung ihrer Ehe.

Schluss — Insgesamt zeigt sich in dem Textauszug, wie sehr Effi unter den Folgen ihres Vergehens leiden wird und wie wenig sie sich gegen ihr Schicksal auflehnen kann. Dies wird unterstrichen durch die Tatsache, dass sich Effi zum Zeitpunkt der Entdeckung der Briefe und des Entschlusses von Innstetten zum Duell und zur Trennung ganz allein in der Abgeschiedenheit des Kurortes Bad Ems befindet, sodass sie gar keine Chance hat, in einem Gespräch ihren eigenen Standpunkt darzulegen, Reue zu zeigen oder ihren Mann um Verzeihung zu bitten.

Beispielanalyse 2 (aspektgeleitet)

Aufgabe: Erörtern Sie, inwieweit der vorliegende Textauszug aus Theodor Fontanes Roman „Effi Briest" (S. 37, Z. 14– S. 39, Z. 26) die typischen Merkmale der realistischen Erzählweise aufweist.

Einleitung — Theodor Fontane erzählt in seinem im Jahr 1896 erschienenen Roman „Effi Briest", wie die 17-jährige Titelfigur Effi auf Bestreben ihrer Mutter den fast 22 Jahre älteren Baron von Innstetten heiratet und ihn mit einem anderen Mann

Der Blick auf den Text: Die Textanalyse 125

betrügt. Nachdem der Ehebruch fast sieben Jahre später ans Licht kommt, wird ihr ehemaliger Liebhaber im Duell erschossen und sie selbst lebt unglücklich bis zu ihrem Tod im Alter von fast 30 Jahren. In dem vorliegenden Textauszug liest die Titelfigur ihrer Mutter einen Brief von Baron von Innstetten vor, mit dem sie seit einigen Wochen verlobt ist, und unterhält sich anschließend mit ihrer Mutter über den Verlobten.

Der Textauszug steht am Ende des 4. Kapitels. Nachdem Effi auf Anraten ihrer Mutter mit dem über 20 Jahre älteren Geert von Innstetten verlobt wurde, wird die Hochzeit, die etwa zwei Monate nach der Verlobung stattfinden soll, vorbereitet. Innstetten schreibt in dieser Zeit seiner Verlobten regelmäßig Briefe, welche Effi aber mit geringer werdendem Interesse liest und beantwortet. Im darauf folgenden Kapitel sind die Hochzeitsfeierlichkeiten bereits abgeschlossen. Das Brautpaar tritt die Hochzeitsreise nach Italien an. Die Briefe und Karten, die Effi ihren Eltern schickt, bestätigen, dass Effi nicht wirklich glücklich mit ihrem Ehemann ist und sich ins Elternhaus zurücksehnt.

Einordnung des Textauszugs in den Roman

Am Beispiel dieses Textauszugs lassen sich die Merkmale realistischen Erzählens gut nachweisen. Neben einer möglichst exakten und weitgehend objektiven Beschreibung des alltäglichen, meist bürgerlichen Lebens, insbesondere der gesellschaftlichen Verhältnisse der 2. Hälfte des 19. Jahrhunderts, ist auch die Einbeziehung der seelischen Vorgänge der Helden, welche sozialen Mechanismen unterworfen sind und nur begrenzte Einwirkungsmöglichkeiten auf ihr Schicksal besitzen, zu nennen. Wichtig ist ferner, dass die Autoren des Realismus die vorgefundene Wirklichkeit nicht naturgetreu abbilden wollen, sondern dichterisch gestalten.

Untersuchungsaspekte

Der realistische Roman hat das alltägliche Leben in zumeist bürgerlichem Umfeld zum Thema. Wie im gesamten Roman gibt Fontane auch im vorliegenden Auszug einen Ein-

Alltägliches Leben

blick in den Alltag einer adeligen Familie, der sich nicht wesentlich von bürgerlichen Gepflogenheiten unterscheidet. Er zeigt, wie ein junges Mädchen, das aus gesellschaftlichen Erwägungen heraus viel zu früh in eine Ehe mit einem älteren Mann gedrängt wurde, dessen Brief ohne große erkennbare Anteilnahme zur Kenntnis nimmt.

Objektive Erzählweise

Der Erzähler bewahrt im gesamten Textauszug seine Objektivität. Das heißt, er enthält sich jeden Kommentars und mischt sich an keiner Stelle des Briefes oder des Dialogs zwischen Effi und ihrer Mutter ein. Ob er die Einstellung der Mutter („Das ist ein sehr hübscher Brief", S. 38, Z. 7) oder der Tochter, die ihn achtlos wieder in das Kuvert steckt (vgl. S. 38, Z. 5 f.), teilt, erfährt der Leser nicht. Auch müssen sich die Leser selbst ein Urteil bilden über Effis Einstellung zur Liebe („Ich liebe alle, die's gut mit mir meinen und gütig gegen mich sind und mich verwöhnen.", S. 38, Z. 24 f.), ihr Streben nach gesellschaftlicher Stellung („Geert ist ein Mann […], mit dem ich Staat machen kann und aus dem was wird in der Welt.", S. 38, Z. 37 – S. 39, Z. 2) und die Meinung ihrer Mutter über Innstetten („in allem das richtige Maß hält"; S. 38, Z. 8; „ein Mann von Prinzipien"; S. 39, Z. 19 f.). Der einzige Satz des gesamten Ausschnitts, der nicht völlig neutral den Brief oder das Gespräch wiedergibt, lässt keinerlei Stellungnahme des Erzählers erkennen: „Effi faltete den Brief wieder zusammen, um ihn in das Couvert zu stecken." (S. 38, Z. 5 f.) Aus Effis Verhalten kann der Leser aber schließen, dass sie selbst wenig begeistert über den Brief ist.

Seelische Vorgänge

Dies lässt seelische Vorgänge ahnen, welche in der realistischen Erzählweise oft wichtiger sind als die äußere Handlung. Die Handlungsarmut und die Verlagerung des Geschehens auf den seelischen Innenraum der Figuren sind auch im vorliegenden Textauszug gut erkennbar. Effis am Ende des Dialogs geäußerte Einwände gegen Innstetten verraten ihre psychische Befindlichkeit, insbesondere ihre

Der Blick auf den Text: Die Textanalyse 127

versteckte Ablehnung gegenüber ihrem Mann, ja sogar ihre Angst vor ihm: Der Andeutung „wenn er nur ein bisschen anders wäre" (S. 39, Z. 11) folgt schließlich eine sehr eindeutige Aussage: „Sieh, Mama, da liegt etwas, was mich quält und ängstigt. Er ist so lieb und gut gegen mich und so nachsichtig, aber … ich fürchte mich vor ihm." (S. 39, Z. 24–26) Diese Furcht wird sich später in Kessin im Chinesenspuk konkret manifestieren, den Innstetten nach der Ansicht von Crampas sogar ganz bewusst zur Erziehung und Disziplinierung seiner Frau einsetzt. Auch Innstettens spätere Rigorosität in der Verbannung seiner Frau und der Tötung des Nebenbuhlers im Duell kündigt sich bereits in dieser eher instinktiven Einschätzung Effis an.

Der vorliegende Romanauszug macht auch sehr deutlich, wie stark die Menschen sozialen Mechanismen unterworfen sind und sich diesen nur sehr bedingt entziehen können. Hier ist zunächst Frau von Briest zu nennen. Sie stellt Innstettens Vorzüge bewusst heraus (vgl. S. 38, Z. 8 f.) oder bestätigt Effis positive Beurteilung (vgl. S. 39, Z. 20), weil sie durch die Hochzeit ihrer Tochter deren gesellschaftliche Stellung verbessern möchte. Diese Einstellung hat Effi offensichtlich kritiklos übernommen, wenn sie Innstettens Stellung und seine bevorstehende Karriere als wesentliche Vorzüge gegenüber ihrem kindlichen Vetter Dagobert betont (vgl. S. 38, Z. 37 – S. 39, Z. 2). Ihre Mutter ahnt, dass Effi ihren Mann nicht wirklich liebt, was durch ihre besorgten Fragen „Liebst du Geert nicht?" (S. 38, Z. 19 f.), „Und liebst du vielleicht auch deinen Vetter Briest?" (S. 38, Z. 33) zum Ausdruck kommt. Auch ihre mehrfachen Nachfragen zeigen, dass sie die wirkliche Gefühlswelt ihrer Tochter zumindest erahnt: „[…] wünschtest du, dass er zärtlicher wäre, vielleicht überschwänglich zärtlich?" (S. 38, Z. 12–14), „Hast du was auf deinem Herzen?" (S. 38, Z. 18 f.), „Aber du hast noch was auf der Seele." (S. 39, Z. 3 f.), „Wie denn, Effi?" (S. 39, Z. 12). Dennoch glaubt sie

Abhängigkeit von sozialen Mechanismen

weiterhin daran, dass ihre Tochter die richtige Wahl getroffen hat. Im Laufe des Romans, in einigen Gesprächen mit ihrem Mann, wird Effis Mutter an der Richtigkeit ihrer Entscheidung zweifeln.

Dichterische Gestaltung Im Realismus wird die vorgefundene Wirklichkeit nicht einfach abgebildet, sondern dichterisch gestaltet. Dies äußert sich im vorliegenden Abschnitt im Auftauchen einiger Leitmotive. So schreibt Innstetten über einen Badegast, der bei neun Grad ins Wasser ging (vgl. S. 37, Z. 31 f.). Dies weist auf Effis Liebhaber Crampas voraus, der ebenfalls in eiskaltem Wasser gebadet hat, bevor er erstmals die Veranda der Innstettens betritt. Dort sitzt Effi bei seinem Erscheinen in ihrem Schaukelstuhl. Das Motiv des Schaukelns, welches im Roman immer wieder vorkommt, findet sich auch im vorliegenden Text: „ich schaukle mich lieber, und am liebsten in der Furcht, dass es irgendwo reißen oder brechen und ich niederstürzen könnte" (S. 38, Z. 29 – 32), sagt Effi, nachdem sie geäußert hat, dass sie der Schmuck, den ihr Innstetten aus Venedig versprochen hat, wenig erfreuen wird. Das Schaukelmotiv verweist auf Effis kindliches Wesen, aber auch auf ihren Hang zu Gefahr und Abenteuern, und nimmt damit ihren Ehebruch mit Crampas symbolisch vorweg. Die Affäre reizt sie weniger wegen der Person ihres Liebhabers als vielmehr wegen des Gefühls, etwas Gefährliches und Verbotenes zu tun, aus der Langeweile ihrer Ehe auszubrechen.

Schluss Der Textauszug weist alle Merkmale realistischen Erzählens auf. Vor allem die Objektivität des Erzählers, die Bevorzugung psychischer Vorgänge vor äußeren Handlungen und die Machtlosigkeit des Einzelnen angesichts des gesellschaftlichen Drucks bestimmen den Fortgang der Romanhandlung.

Der Blick auf die Prüfung: Themenfelder

Dieses Kapitel dient zur unmittelbaren Vorbereitung auf die Prüfung: Schulaufgabe bzw. Klausur oder schriftliche bzw. mündliche Abiturprüfung. Die wichtigsten Themenfelder werden in einer übersichtlichen grafischen Form dargeboten. Außerdem verweist eine kommentierte Liste mit Internetadressen (S. 133) auf mögliche Quellen für Zusatzinformationen im Netz.

Die schematischen Übersichten können dazu genutzt werden,

- die wesentlichen Deutungsaspekte des Stücks kurz vor der Prüfungssituation im Überblick zu wiederholen,
- die Kerngedanken des Romans noch einmal selbstständig zu durchdenken und
- mögliche Verständnislücken nachzuarbeiten.

Zum Verständnis der Schemata ist die Kenntnis der vorangegangenen Kapitel unerlässlich. Die folgende Schwerpunktsetzung beruht auf Erfahrungen aus jahrelanger Prüfungspraxis. Die Übersicht III (Vergleichsmöglichkeiten mit anderen literarischen Werken, S. 132) soll als Anregung dienen, um den eigenen Lektürekanon auf möglicherweise interessante Vergleichspunkte hin abzuklopfen.

130 Der Roman „Effi Briest" in der Schule

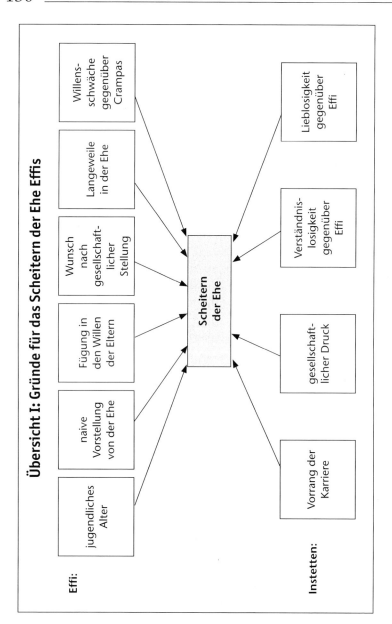

Der Blick auf die Prüfung: Themenfelder 131

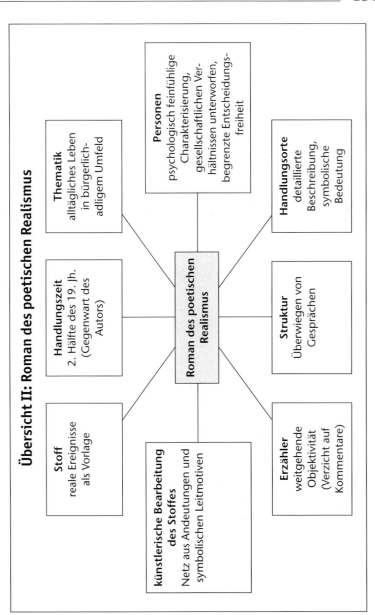

Der Roman „Effi Briest" in der Schule

Übersicht III: Vergleichsmöglichkeiten mit anderen literarischen Werken

Fontanes „Effi Briest"

Figuren

- erwachsen werdende Jugendliche
  (z. B. in „Aus dem Leben eines Taugenichts", „Frühlings Erwachen", „Unterm Rad", „Die Blechtrommel", „Der Vorleser")
- Frauen in der Gesellschaft
  (z. B. in „Antigone auf Tauris", „Emilia Galotti", „Kabale und Liebe", „Iphigenie auf Tauris", „Faust", „Der Besuch der alten Dame", „Der gute Mensch von Sezuan")
- Verführer
  (z. B. in „Emilia Galotti", „Faust", „Woyzeck", „Das Parfum")
- leidender Mensch
  (z. B. in „Die Leiden des jungen Werthers", „Maria Stuart", „Faust", „Dantons Tod", „Woyzeck", „Der Prozess")

Erzählverhalten

- personal erzählter Roman
  (z. B. „Der Prozess", „Berlin Alexanderplatz")
- auktorial erzählter Roman, ohne distanzierte Zurückhaltung
  (z. B. „Der grüne Heinrich", „Das Parfum", „Schlafes Bruder")
- Ich-Roman
  (z. B. „Homo faber", „Der Vorleser")
- Brief- oder Tagebuchroman
  (z. B. „Die Leiden des jungen Werthers", „Homo faber")

Motive

- Tod einer literarischen Figur
  (z. B. in „Andorra", „Faust", „Dantons Tod", „Woyzeck", „Der Prozess", „Das Parfum", „Schlafes Bruder", „Der Vorleser")
- Schuld
  (z. B. in „Antigone", „Emilia Galotti", „Faust", „Michael Kohlhaas", „Dantons Tod", „Der Prozess", „Berlin Alexanderplatz", „Homo faber", „Die Blechtrommel")
- Verführbarkeit
  (z. B. in „Emilia Galotti", „Faust" „Woyzeck", „Die Blechtrommel", „Der Vorleser")
- gesellschaftlicher Druck
  (z. B. in „Emilia Galotti", „Woyzeck", „Der gute Mensch von Sezuan", „Der Besuch der alten Dame", „Andorra")

Internetadressen

Unter diesen Internetadressen kann man sich zusätzlich informieren:

www.kerber-net.de/literatur/deutsch/prosa/fontane/
briest.htm
(detailliertes Unterrichtsmaterial zu Fontanes Roman)

http://lehrerfortbildung-bw.de/faecher/deutsch/projekte/
epik/effi_briest/index.html
(Projekt „Effi Briest")

www.fontaneseite.de
(Biografie, Werke, Zitate und Fotos von Theodor Fontane)

www.fontane-gesellschaft.de
(Informationen zum Autor und seinem Werk)

www.effis-zerben.de/geschichte_elisabeth.html
(stoffliche Vorlage für den Roman, Geschichte der Elisabeth
von Ardenne)

[Stand: 31.10.2010]

Literatur

Textausgabe:

Fontane, Theodor: Effi Briest, hrsg. von Johannes Diekhans, erarbeitet und mit Anmerkungen und Materialien versehen von Stefan Volk. Paderborn (Schöningh) 2005

Sekundärliteratur:

Berger, Norbert: Fontane, „Effi Briest". Stundenblätter Deutsch. Stuttgart (Klett) 2005

Erler, Gotthard, (Hrsg.): Fontanes Briefe in zwei Bänden. Berlin und Weimar (Aufbau-Verlag) 1968

Fontane, Theodor: Der Dichter über sein Werk. Bd. II, hrsg. von Richard Brinkmann in Zusammenarbeit mit Waltraud Wiethölter. München (dtv) 1977

Fontane, Theodor: Unsere lyrische und epische Poesie seit 1848. In: Ders.: Sämtliche Werke. Aufsätze, Kritiken, Erinnerung. Band 1. München (Carl Hanser) 1969

Fontane, Theodor: Werke, Schriften und Briefe. Hrsg. von Walter Keitel u. Helmuth Nürnberger. Abteilung IV. Briefe. Vierter Band, 1890–1898, hrsg. von Otto Drude und Helmuth Nürnberger. München (Carl Hanser) 1982

Frevert, Ute: Ehrenmänner. Das Duell in der bürgerlichen Gesellschaft. München (C. H. Beck) 1991

Grawe, Chrisian (Hrsg.): Fontanes Novellen und Romane. Stuttgart (Reclam) 1991

Grawe, Christian: Theodor Fontane. Effi Briest. Frankfurt/M. (Diesterweg) 1985

Hamann, Elsbeth: Theodor Fontane „Effi Briest". Oldenbourg Interpretationen, Band 11. München (Oldenbourg) 2001

Mann, Thomas: Das essayistische Werk. Band 1. Frankfurt/M. (Fischer) 1968

Nürnberger, Helmuth: Theodor Fontane. Reinbek (Rowohlt) 1968

Schafarschik, Walter: Theodor Fontane. Effi Briest. Erläuterungen und Dokumente. Stuttgart (Reclam) 2002

Spinnen, Burkhard: Lauter Innstettens, überall. Die ZEIT-Schülerbibliothek. In: DIE ZEIT Nr. 7/2003 und ZEITDOKUMENT 1/2004, S. 29